Projeto
Jimboê

O **Projeto Jimboê** oferece conteúdo completo em todos os sentidos e integra materiais impressos com objetos digitais. Acesse o portal exclusivo do projeto e aproveite o que a **Editora do Brasil** preparou para você.

CB124045

Portal exclusivo do projeto:
www.editoradobrasil.com.br/jimboe

Imagem meramente ilustrativa.

Instruções para acesso aos conteúdos digitais

Acesse o portal exclusivo do projeto (www.editoradobrasil.com.br/jimboe) e digite seu e-mail e senha. Caso ainda não os tenha, faça o cadastro. Digite o código abaixo para liberar o acesso:

9675363A3880513

Este código libera o acesso dos conteúdos digitais relativos à matéria e ao ano deste livro. Informamos que esse código é pessoal e intransferível. Guarde-o com cuidado, pois é a única forma de acesso ao conteúdo restrito do portal.

Editora do Brasil

3º ano

Projeto

Jimboê

Jimboê
é uma palavra da língua
tupi que significa “aquele
que aprende, que ensina”.

História

Rosiane de Camargo • Cida Fernandes

Editora do Brasil

Dados Internacionais de Catalogação na Publicação (CIP)
(Câmara Brasileira do Livro, SP, Brasil)

Camargo, Rosiane de
Projeto jimboê : história, 3º ano / Rosiane de Camargo, Cida Fernandes. -- 1. ed. -- São Paulo : Editora do Brasil, 2014. -- (Coleção projeto jimboê)

ISBN 978-85-10-05848-3 (aluno)
ISBN 978-85-10-05849-0 (professor)

1. História (Ensino fundamental) I. Fernandes, Cida. II. Título. III. Série.

14-09225 CDD-372.89

Índices para catálogo sistemático:
1. História : Ensino fundamental 372.89

© Editora do Brasil S.A., 2014
Todos os direitos reservados

Direção executiva: Maria Lúcia Kerr Cavalcante Queiroz

Direção editorial: Cibele Mendes Curto Santos
Gerência editorial: Felipe Ramos Poletti
Supervisão editorial: Erika Mendes Caldin
Supervisão de arte, editoração e produção digital: Adelaide Carolina Cerutti
Supervisão de direitos autorais: Marilisa Bertolone Mendes
Supervisão de controle de processos editoriais: Marta Dias Portero
Supervisão de revisão: Dora Helena Feres
Consultoria de iconografia: Tempo Composto Col. de Dados Ltda.

Edição: Vanessa Batista Pinto
Consultoria técnica: Camila Loureiro Dias
Coordenação editorial: Josiane Sanson
Assistência editorial: Victor Ferreira
Auxílio editorial: Diogo Martins de Santana
Coordenação de revisão: Otacilio Palareti
Copidesque: Ricardo Liberal e Gisélia Costa
Revisão: Maria Alice Gonçalves
Pesquisa iconográfica: Daniela Chain Baraúna e Adriana Abrão. Pesquisa de capa: Adriana Abrão
Coordenação de arte: Maria Aparecida Alves
Assistência de arte: Leticia Santos
Design gráfico: Estúdio Sintonia e Patrícia Lino
Capa: Andréa Melo, Estúdio Sintonia e Patrícia Lino
Ilustrações: DAE (Departamento de Arte e Editoração), Eduardo Belmiro, Estudio Mil, Estúdio Ornitorrinco, Fabiana Pavesi, Hélio Senatore, Ilustra Cartoon, Imaginario Studio, Lilian Gonzaga, Paula Radi, Paulo Ramos Neto, Pedro Sotto e Ronaldo Barata
Produção cartográfica: Alessandro Passos da Costa e DAE (Departamento de Arte e Editoração)
Coordenação de editoração eletrônica: Abdonildo José de Lima Santos
Editoração eletrônica: Select Editoração
Licenciamentos de textos: Jennifer Xavier
Coordenação de produção CPE: Leila P. Jungstedt
Controle de processos editoriais: Beatriz Villanueva, Bruna Alves, Carlos Nunes e Rafael Machado

1ª edição / 1ª impressão, 2014
Impresso no parque gráfico da Editora FTD

Editora do Brasil

Rua Conselheiro Nébias, 887 – São Paulo/SP – CEP 01203-001
Fone: (11) 3226-0211 – Fax: (11) 3222-5583
www.editoradobrasil.com.br

Imagem de capa

Coleção particular

Di Cavalcanti. *Feira de água de meninos (Bahia)*, 1960. Óleo sobre tela, 65 cm × 81 cm.

Di Cavalcanti (1897-1976), nome artístico de Emiliano Augusto Cavalcanti de Albuquerque e Melo, nasceu e faleceu na cidade do Rio de Janeiro. Ao lado de Oswald de Andrade e Mário de Andrade, foi um dos idealizadores e organizadores da Semana de Arte Moderna, na qual apresentou 11 obras de arte, além de ter elaborado a capa do catálogo do evento. Passou várias temporadas na Europa, mas em suas obras deu muito valor à realidade brasileira, procurando mostrar a identidade nacional por meio de representações do samba, da favela, de festas populares etc. Foi também caricaturista, jornalista, escritor e cenógrafo.

Apresentação

Querido aluno,

Abrir um livro de História proporciona um mundo de possibilidades: experimentar, descobrir espaços, desafiar o tempo, mas principalmente mergulhar em uma grande e incessante viagem, cheia de aventuras e conhecimentos.

Este livro o ajudará a realizar essa viagem deliciosa entre o passado e o presente. Como se fosse uma ponte, vai levá-lo progressivamente a um mundo construído por seus antepassados e que lhe servirá de base para a construção da própria história.

Ao conhecer a história por meio de registros da passagem do tempo, dos hábitos e costumes de diferentes comunidades, e dos lugares e heranças do passado, você poderá se apropriar de sua história pessoal.

Assim, este livro possibilitará que você e os colegas compreendam o presente e construam um futuro melhor!

As autoras

Paulo Ramos Neto

Conheça as autoras

Fotos: Iara

Rosiane de Camargo

- Pós-graduada em História do Brasil
- Licenciada em História
- Professora do Ensino Fundamental e do Ensino Médio
- Autora de livros didáticos destinados ao Ensino Fundamental e ao Ensino Médio

Cida Fernandes

- Pós-graduada em Modalidades de Intervenção nos Processos de Aprendizagem
- Licenciada em Pedagogia
- Professora do Ensino Fundamental

Conhecendo seu livro

Fachada do Museu Mestre Vitalino, município de Caruaru, Pernambuco, 2013.

Pintura rupestre localizada em fazenda, município de Barão de Cocais, Minas Gerais, 2012.

Criança andando de triciclo, 1950.

Relógio de sol, 2012.

UNIDADE 1

REGISTROS DA HISTÓRIA

É hora de trocar ideias

Observe as imagens. Depois, converse com os colegas e o professor sobre elas.

1. Em sua opinião, o que é história?
2. Como podemos registrar nossa história?
3. O que cada uma dessas imagens revela sobre a história?
4. Você imagina o que aprenderá nesta unidade?

Este livro tem quatro unidades. O tema de cada uma delas é apresentado logo no início por meio de imagens. Você será convidado a conversar sobre elas com os colegas e o professor para que, juntos, possam interpretá-las.

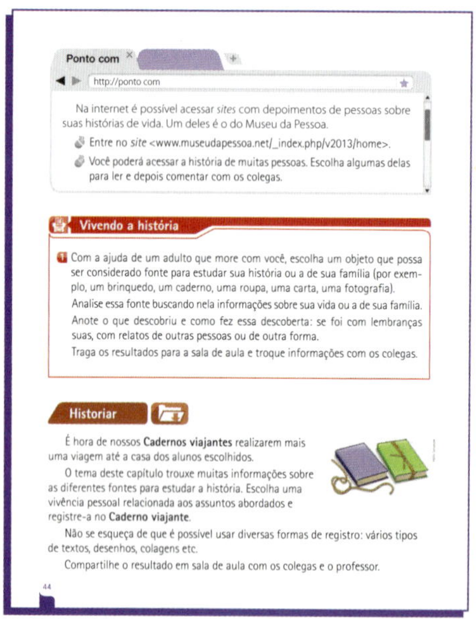

Ponto com

http://ponto com

Na internet é possível acessar *sites* com depoimentos de pessoas sobre suas histórias de vida. Um deles é o do Museu da Pessoa.

- Entre no *site* <www.museudapessoa.net/_index.php/v2013/home>.
- Você poderá acessar a história de muitas pessoas. Escolha algumas delas para ler e depois comentar com os colegas.

Vivendo a história

1. Com a ajuda de um adulto que more com você, escolha um objeto que possa ser considerado fonte para estudar sua história ou a de sua família (por exemplo, um brinquedo, um caderno, uma roupa, uma carta, uma fotografia).
Analise essa fonte buscando nela informações sobre sua vida ou a de sua família.
Anote o que descobriu e como fez essa descoberta: se foi com lembranças suas, com relatos de outras pessoas ou de outra forma.
Traga os resultados para a sala de aula e troque informações com os colegas.

Historiar

É hora de nossos **Cadernos viajantes** realizarem mais uma viagem até a casa dos alunos escolhidos.

O tema deste capítulo trouxe muitas informações sobre as diferentes fontes para estudar a história. Escolha uma vivência pessoal relacionada aos assuntos abordados e registre-a no **Caderno viajante**.

Não se esqueça de que é possível usar diversas formas de registro: vários tipos de textos, desenhos, colagens etc.

Compartilhe o resultado em sala de aula com os colegas e o professor.

44

A seção **Ponto com** possibilita a utilização de tecnologias digitais, ampliando seu universo na internet.

O projeto proposto na seção **Historiar** será desenvolvido no decorrer do ano. Ele traz atividades sobre a construção da memória histórica, nas quais você fará registros que lhe ajudarão a compreender o conteúdo estudado.

A seção **Observar** traz fontes visuais, como obras de arte e mapas, para que você possa desenvolver a leitura desse tipo de documento e analisar os fatos que apresentam.

Observar

Observe as fontes históricas a seguir e, depois, faça o que se pede.

Fonte 1

A NOVA GELADEIRA DE 8 PÉS

Propaganda de geladeira produzida pela General Electric, 1958.

Fonte 2

Telefone de mesa à manivela, 1910.

Fonte 3

Sr. Amadeu

Nasci no Brás, [...] no dia 30 de novembro de 1906. [...].

Nesse tempo não existia luz elétrica na rua, só **lampiões de querosene**. Em casa também, os lampiões eram pendurados na sala, no quintal e na cozinha. Só quando eu tinha dez anos é que veio a luz elétrica [...].

Na frente da casa passavam os vendedores de castanha, cantarolando. E o pizzaiolo com latas enormes, que era muito engraçado e vendia o produto dele cantando. As crianças iam atrás. A rua não tinha calçada. Elas ficavam à vontade nas ruas antigas. Eram ruas de lazer, porque não tinham movimento, e crianças tinham demais. Em São Paulo, nos terrenos baldios grandes, sempre se faziam parques para a meninada. Meus irmãos jogavam futebol na rua. Tínhamos um clube, formado por nós, chamado Carlos Garcia. [...]

Ecléa Bosi. *Memória e sociedade: lembranças de velhos*. São Paulo: Companhia das Letras, 1994. p. 124-125.

42

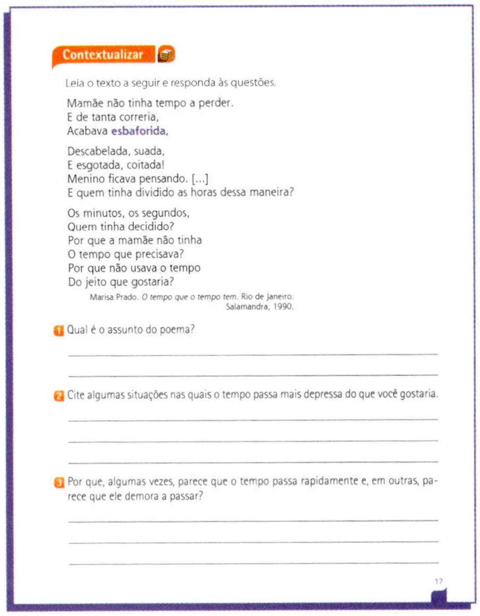

Contextualizar

Leia o texto a seguir e responda às questões.

Mamãe não tinha tempo a perder.
E de tanta correria,
Acabava **esbaforida**,

Descabelada, suada,
E esgotada, coitada!
Menino ficava pensando. [...]
E quem tinha dividido as horas dessa maneira?

Os minutos, os segundos,
Quem tinha decidido?
Por que a mamãe não tinha
O tempo que precisava?
Por que não usava o tempo
Do jeito que gostaria?

Marisa Prado. *O tempo que o tempo tem*. Rio de Janeiro: Salamandra, 1990.

1 Qual é o assunto do poema?

2 Cite algumas situações nas quais o tempo passa mais depressa do que você gostaria.

3 Por que, algumas vezes, parece que o tempo passa rapidamente e, em outras, parece que ele demora a passar?

17

A seção **Contextualizar** apresenta textos de vários tipos, sempre relacionados ao tema em estudo. Você será estimulado a interpretá-los e, em alguns casos, a dar sua opinião.

No final de cada unidade, a seção **Relembrando o que estudei** traz um resumo do conteúdo. É uma boa oportunidade para você avaliar o quanto aprendeu.

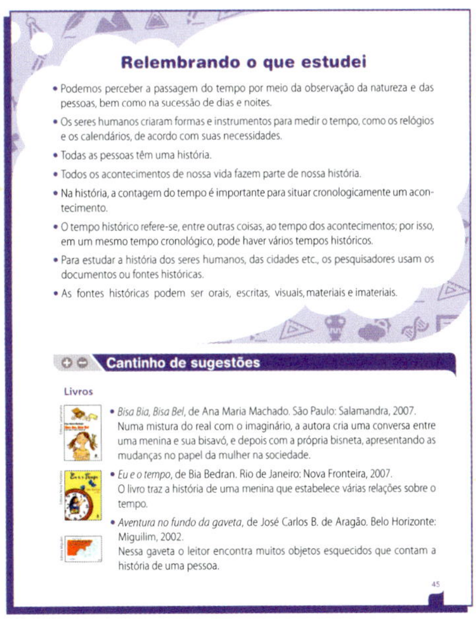

Relembrando o que estudei

- Podemos perceber a passagem do tempo por meio da observação da natureza e das pessoas, bem como na sucessão de dias e noites.
- Os seres humanos criaram formas e instrumentos para medir o tempo, como os relógios e os calendários, de acordo com suas necessidades.
- Todas as pessoas têm uma história.
- Todos os acontecimentos de nossa vida fazem parte de nossa história.
- Na história, a contagem do tempo é importante para situar cronologicamente um acontecimento.
- O tempo histórico refere-se, entre outras coisas, ao tempo dos acontecimentos; por isso, em um mesmo tempo cronológico, pode haver vários tempos históricos.
- Para estudar a história dos seres humanos, das cidades etc., os pesquisadores usam os documentos ou fontes históricas.
- As fontes históricas podem ser orais, escritas, visuais, materiais e imateriais.

Cantinho de sugestões

Livros

- *Bisa Bia, Bisa Bel*, de Ana Maria Machado. São Paulo: Salamandra, 2007.
Numa mistura do real com o imaginário, a autora cria uma conversa entre uma menina e sua bisavó, e depois com a própria bisneta, apresentando as mudanças no papel da mulher na sociedade.
- *Eu e o tempo*, de Bia Bedran. Rio de Janeiro: Nova Fronteira, 2007.
O livro traz a história de uma menina que estabelece várias relações sobre o tempo.
- *Aventura no fundo da gaveta*, de José Carlos B. de Aragão. Belo Horizonte: Miguilim, 2002.
Nessa gaveta o leitor encontra muitos objetos esquecidos que contam a história de uma pessoa.

45

Para aprofundar seus conhecimentos sobre os temas estudados neste livro, a seção **Cantinho de sugestões** traz sugestões de livros, *sites* e filmes para você conhecer.

Orientadores

- Atividade em dupla
- Atividade em grupo
- Atividade oral
- Habilidades sociais
- Interdisciplinaridade
- Pluralidade cultural

Sumário

Rafael Duarte/Fotoarena

Pintura rupestre localizada em fazenda, município de Barão de Cocais, Minas Gerais, 2012.

Fachada do Museu Mestre Vitalino, município de Caruaru, Pernambuco, 2013.

George Marks/Hulton Archive/Getty Images

Criança andando de triciclo, 1950.

UNIDADE

1

REGISTROS DA HISTÓRIA

Relógio de sol, 2012.

Spirit of America/Shutterstock

É hora de trocar ideias

Observe as imagens. Depois, converse com os colegas e o professor sobre elas.

1. Em sua opinião, o que é história?
2. Como podemos registrar nossa história?
3. O que cada uma dessas imagens revela sobre a história?
4. Você imagina o que aprenderá nesta unidade?

CAPÍTULO

1 A contagem do tempo

Pense em seu dia de hoje. Qual foi a primeira coisa que você fez ao acordar? E depois disso? Estamos sempre fazendo alguma coisa e, quando terminamos, começamos a fazer outra.

Ao serem observadas por nós, a sequência de nossas ações, os acontecimentos da natureza ou as mudanças que ocorrem em nosso corpo nos levam a perceber a passagem do tempo.

Observe esta história.

© MAURICIO DE SOUSA PRODUÇÕES - BRASIL/2009

© Mauricio de Sousa Editora Ltda

Agora é com você

1. O que os personagens estão fazendo?

2. Como a passagem do tempo pode ser percebida na vida deles?

____

____

3. Em relação aos personagens, qual é a diferença entre a primeira cena e a segunda? Em sua opinião, por que isso aconteceu?

Noções de tempo

O termo **tempo** pode se referir à duração de um acontecimento ou à sucessão de vários fatos ou ações. Observe, a seguir, exemplos de como podemos perceber a passagem do tempo.

- Pela duração de uma atividade, seja uma atividade física, como uma corrida, seja uma atividade que envolva o raciocínio, como uma prova na escola.

Visionhaus/Corbis/Latinstock

A atleta Terezinha Guilhermina competiu no evento de atletismo no Mundial Paraolímpico na cidade de Manchester, Reino Unido, 2012.

Delfim Martins/Pulsar Imagens

Sala de aula da Escola Estadual Euclides da Cunha, município de Boa Vista, Roraima, 2010.

- Pela **sucessão** dos dias e das noites.

Edson Grandisoli/Pulsar Imagens

Vista noturna do Teatro Amazonas, município de Manaus, Amazonas, 2013.

Paulo Fridman/Pulsar Imagens

Vista diurna do Teatro Amazonas, município de Manaus, Amazonas, 2013.

- Pelas mudanças que ocorrem na natureza, como o crescimento das plantas e dos animais e as estações do ano.

Ernesto Reghran/Pulsar Imagens

Trabalhador rural plantando mudas de hortaliças, município de Maringá, Paraná, 2013.

Marcos André/Opção Brasil Imagens

Trabalhadores em plantação de hortaliças, município de Sidrolândia, Mato Grosso do Sul, 2013.

- Pelas transformações que ocorrem no espaço.

Coleção particular

Vista aérea da Avenida Paulista, São Paulo, São Paulo, 1935.

Juvenal Pereira/Tyba

Vista aérea da Avenida Paulista, São Paulo, São Paulo, 2012.

- Pelas mudanças em nossa aparência **física** ao longo da vida.

Fernanda Fernandes/Acervo Abril Comunicações S.A

A atriz Bruna Marquezine aos 8 anos, Rio de Janeiro, Rio de Janeiro, 2003.

Maíra Coelho/Agência O Dia/Agência Estado

A atriz Bruna Marquezine aos 19 anos, Rio de Janeiro, Rio de Janeiro, 2014.

- Pelas mudanças e transformações na sociedade.

Coleção particular

Alberto Hensel. Babá com o menino Eugen Keller, Pernambuco, 1874.

Michael Jung/Shutterstock

Mulher do século XXI, Porto Alegre, Rio Grande do Sul, 2014.

Agora é com você

1 Como podemos perceber a passagem do tempo?

____

____

____

____

____

2 Escolha dois momentos de sua vida e registre a passagem do tempo.

Observar

1 Observe as cenas a seguir e numere-as de acordo com a ordem temporal em que acontecem.

Ilustrações: Waldomiro Neto

Contextualizar

Leia o texto a seguir e responda às questões.

Mamãe não tinha tempo a perder.
E de tanta correria,
Acabava **esbaforida**,

Descabelada, suada,
E esgotada, coitada!
Menino ficava pensando. [...]
E quem tinha dividido as horas dessa maneira?

Os minutos, os segundos,
Quem tinha decidido?
Por que a mamãe não tinha
O tempo que precisava?
Por que não usava o tempo
Do jeito que gostaria?

Marisa Prado. *O tempo que o tempo tem*. Rio de Janeiro: Salamandra, 1990.

1 Qual é o assunto do poema?

____

____

2 Cite algumas situações nas quais o tempo passa mais depressa do que você gostaria.

____

____

____

3 Por que, algumas vezes, parece que o tempo passa rapidamente e, em outras, parece que ele demora a passar?

____

____

____

Dividindo e marcando o tempo

Muito tempo atrás, os seres humanos buscaram maneiras de medir a duração do tempo para que pudessem planejar suas atividades – por exemplo, plantar e colher em épocas certas.

Ao observarem a natureza, identificaram uma série de acontecimentos que se repetem de forma **alternada**: os dias e as noites, as fases da Lua, as estações do ano etc. Então, com base nesses acontecimentos, criaram instrumentos para poder marcar e dividir o tempo, como os relógios e os calendários.

Entre os relógios criados, estes são alguns dos mais antigos:

- Relógio de sol

Flávio Bacellar/Olhar Imagem

Relógio de sol no Parque Estadual do Ibitipoca, Minas Gerais, 2014.

Esse instrumento marca o tempo pela passagem da luz do sol.

- Clepsidra

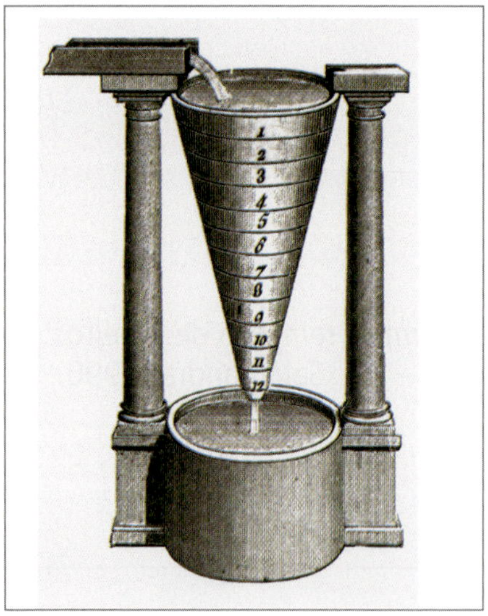

Bettman/Corbis/Latinstock

Relógio de água grego, ilustração do século XVIII.

- Ampulheta

f9photos/Shutterstock

Ampulheta.

O tempo é medido pela passagem da areia de uma parte para outra. Esse instrumento foi um dos mais utilizados.

Depois, foram desenvolvidos os relógios **mecânicos**, que ficavam geralmente nas torres das igrejas, um local alto onde as pessoas podiam enxergar as horas.

Sergej Razvodovskij/Shutterstock

Este é um relógio mecânico de bolso.

Hoje temos os relógios de pulso e outros instrumentos que também marcam as horas, como os celulares e diversos aparelhos eletrônicos.

O relógio mede o tempo em horas, minutos e segundos, marcando a passagem das 24 horas de um dia.

Outro importante instrumento inventado para calcular a duração do tempo é o calendário, que se baseia na contagem dos dias, das semanas e dos meses. Diferentes povos criaram calendários baseados nos movimentos do Sol e da Lua para determinar as **frações** do tempo.

O calendário utilizado no Brasil é o gregoriano, que tem como base de organização a história dos povos cristãos. Portanto, utiliza o nascimento de Jesus Cristo como marco inicial e divide o tempo entre o que aconteceu antes de Cristo (é por isso que se utiliza a sigla a.C.) e depois de seu nascimento.

Mas esse não é o único calendário existente. Muitas sociedades têm calendários próprios, como os chineses, os japoneses, os iranianos e os afegãos, cada um utilizando como marco inicial algo de importante para sua sociedade.

Agora é com você

1. Para que o relógio e o calendário são utilizados?

____

____

2. Qual é a importância do relógio para você?

____

____

____

3. Imagine um dia sem relógio. Como você faria para cumprir seus compromissos, por exemplo, chegar à escola na hora certa? Anote como organizaria seu dia sem usar o relógio e apresente o resultado em sala de aula.

4. Você costuma acordar naturalmente ou apenas quando ouve o toque do despertador ou é despertado por alguém da família? Converse com os colegas e o professor.

Interligando com Matemática

Vamos construir uma ampulheta? Siga o passo a passo.

Fotografias: Paulo Manzi

Material:

- duas garrafas PET de 600 mℓ ou de 2 ℓ limpas e secas;
- um recipiente de plástico com 200 mℓ de areia fina;
- um funil;
- fita adesiva.
- 1 prego

Passo a passo

1. Peça a um adulto que faça um furo com o prego pequeno em uma das tampas da garrafa e, depois, recorte uma delas ao meio.

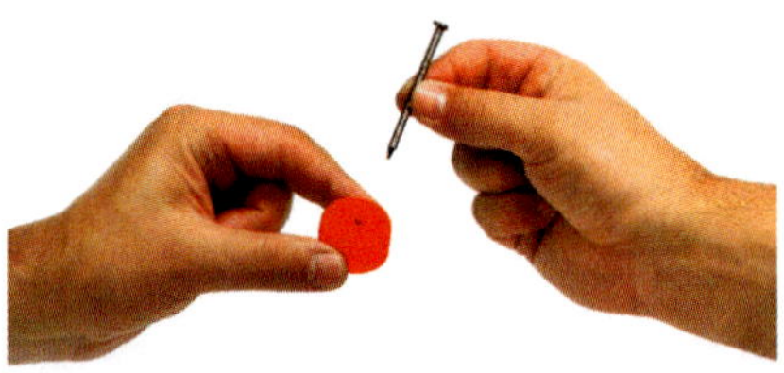

2. Pegue o funil, coloque-o no gargalo da garrafa inteira e despeje a areia fina. Em seguida, feche a garrafa com a tampinha furada.

3. Coloque a segunda garrafa cortada sem a tampa sobre a primeira, unindo os gargalos. Passe a fita adesiva em volta para segurar as garrafas, conforme demonstrado na imagem.

4. Agora vire a garrafa cheia e marque no relógio o tempo que demorará a toda a areia passar de uma garrafa para outra.

Observe que, dependendo do tamanho das garrafas, do furo na tampa e da quantidade de areia colocada, o tempo será diferente.

Aprender brincando

1 Como você organiza seu tempo? Pense sobre o assunto e pinte os quadrinhos com as cores indicadas a seguir.

☐ Nenhum tempo ☐ Pouco tempo ☐ Muito tempo

Quanto tempo de seu dia você passa:

a) ☐ brincando sozinho?

b) ☐ brincando com amigos?

c) ☐ vendo televisão?

d) ☐ lendo livros?

e) ☐ realizando atividades físicas?

f) ☐ na escola?

Historiar

Hélio Senatore

Iniciaremos, agora, os registros de nossa história escolar.

Os registros serão feitos nos **Cadernos viajantes**, relatando momentos, **vivências** e aprendizagens ao longo do ano.

- Primeiro, o professor providenciará dois cadernos e os identificará com o nome proposto acima ou outro que a turma escolher.
- O professor sorteará os cadernos entre os alunos, seguindo um roteiro.
- Os alunos sorteados levarão os cadernos para casa e registrarão a atividade proposta no capítulo ou tema.
- Os registros podem ser feitos por meio de frases, relatos, descrições, histórias em quadrinhos, colagens, desenhos, poemas ou outra forma.
- É fundamental que constem nos cadernos as datas de ida e de volta, bem como o destino. Por exemplo:
  - Viagem à casa de (nome do aluno)
  - Iniciada em: ___/___/____
  - Finalizada em: ___/___/____
- O caderno deve ser devolvido na data combinada com o professor.

Aguardem! Logo os cadernos começarão suas viagens!

CAPÍTULO 2

Histórias de todos

Tudo o que acontece ou aconteceu em sua vida faz parte de sua história pessoal.

Certos acontecimentos ficam registrados em nossa **memória** e na de algumas pessoas que viveram o momento conosco. Mas, como não conseguimos nos lembrar de tudo, também podemos usar outros recursos para tal, como fotografias, vídeos, diários, documentos escritos etc.

Para organizar uma história podemos utilizar, entre outras formas, uma **linha do tempo**.

> **Linha do tempo** é um modo de apresentar acontecimentos importantes distribuindo-os em uma linha na sequência em que ocorreram, ou seja, do mais antigo para o mais recente. Com ela é possível visualizar, em ordem cronológica, a história de uma pessoa, de uma família, de uma comunidade, de um país.

Observe nas imagens alguns acontecimentos da vida de Fernando organizados em uma linha do tempo.

André Aguiar

Agora é com você

1 Quais acontecimentos foram retratados nos desenhos?

2 É possível conhecer um pouco a história de vida de Fernando por meio dessas imagens? O que podemos saber?

Vivendo a história

1 Pensando em sua história, monte uma linha do tempo, com registros de acontecimentos de sua vida.

Para confeccioná-la você precisará de:

- fotografias suas – uma por ano de vida, de momentos diferentes vivenciados por você, como nascimento, festas, passeios, reuniões familiares, casamentos e eventos escolares;
- fotografias de seus pais, avós e outros familiares, amigos etc.

Observação: Traga para a sala de aula as fotografias originais e, se possível, faça uma cópia delas ou já traga cópias.

a) Pegue uma folha de cartolina e cole as fotografias em ordem cronológica, ou seja, ordem de acontecimento.

b) Embaixo de cada fotografia reserve um espaço para escrever o acontecimento retratado e a data em que ocorreu.

Para entender a História

As fotografias de sua linha do tempo são alguns dos registros de sua história.

Na escola você tem uma disciplina que também se chama História. Então é possível perceber que o termo **história** apresenta mais de um significado.

A palavra **história** tem origem na língua grega antiga e significa "testemunho" no sentido de "procurar saber". Ela pode ter vários sentidos, sendo estes os principais:

- como ciência, refere-se ao estudo dos conhecimentos documentados ou da tradição oral (depoimentos e entrevistas transmitidas por pessoas) a respeito das ações dos seres humanos no tempo e no espaço, bem como à disciplina escolar, por meio da qual esses conhecimentos são transmitidos aos alunos;
- como processo vivido, refere-se ao conjunto de acontecimentos e de experiências vivenciados por pessoas e grupos em diferentes tempos e lugares.

O objetivo principal do estudo da História é compreender como os seres humanos viveram e vivem seu tempo e como ocupam e transformam os lugares onde vivem.

Não existe uma versão única da história, já que é sempre possível buscar novas pistas, investigar e, com isso, trazer novas interpretações sobre os mesmos acontecimentos.

Museu Paraense Emílio Goeldi, Belém/Foto: Rômulo Fialdini

Este objeto é uma urna antropomorfa marajoara. Ilha de Marajó, Pará. A sociedade marajoara ocupou a Ilha de Marajó entre c. 400 e 1350.

Coleção particular/Foto: Dirk Bakker/The Bridgeman Art Library/Grupo Keystone

Cabeça de um Oni, escultura em latão (cobre e zinco), originária de Ifé, Nigéria. Século XII-XV.

A História como ciência tem métodos para investigar as vivências humanas no tempo a fim de tratá-las como expressão da época em que aconteceram e responde a perguntas que possibilitam que possamos entender um pouco como essas pessoas viviam e se organizavam.

Agora é com você

1 Complete as frases corretamente usando as palavras do quadro.

interpretações	história	ciência

a) A História como ____________ estuda como os seres humanos viveram e ocuparam seu espaço.

b) Tudo o que acontece em nossa vida faz parte de nossa ____________ pessoal.

c) A história da humanidade não tem uma única versão, pois sempre é possível fazer novas ____________ dos acontecimentos.

Observar

1 Observe a imagem a seguir e, depois, responda às questões.

Edson Grandisoli/Pulsar Imagens

Pintura rupestre no Parque Estadual do Biribiri, município de Diamantina, Minas Gerais, 2011.

a) Que elementos podem ser identificados na imagem?

____

____

b) Que informações sobre a história de quem fez esse desenho podemos perceber ao observá-lo?

____

____

Os registros da história pessoal

Cada um de nós tem uma história de vida. Dela fazem parte vários acontecimentos.

Como nem tudo fica registrado em nossa memória, podemos nos recordar de acontecimentos de nossa história por meio de outras **fontes**, como fotografias, vídeos, documentos oficiais (Certidão de Nascimento, por exemplo), objetos como brinquedos e roupas, diários, cartas, bilhetes, relatos de pessoas que conviveram conosco e muitos outros registros.

Fonte, em história, é tudo o que foi produzido pelos seres humanos ou apresenta vestígios de sua interferência, guardando informações que possibilitam reconstruir a história da humanidade.

As histórias de vida das pessoas de nossa família que vieram antes de nós, como pais, avós, bisavós etc., também fazem parte de nossa história. É uma espécie de **herança** que recebemos ao nascer, assim como nossa história o será para as gerações futuras.

Mario Pita

Agora é com você

1 Quais lembranças você gostaria de guardar em sua memória?

____

____

____

2 É possível reconstruir toda a nossa história somente com nossas lembranças? Por quê?

____

____

____

3 A quais fontes podemos recorrer quando queremos pesquisar a história de uma pessoa?

____

____

____

4 Quais registros você ou sua família vem fazendo para guardar lembranças de sua história?

____

____

Contextualizar

Leia o texto e, depois, faça o que se pede.

– Mariana, não mexa nisso, você pode quebrar!
– Mas eu quero tomar café nessa xícara, hoje, vó. Ela é tão bonita!
– Não, minha querida, nessa xícara não!
– Por que não?
– Porque ela era de minha mãe, sua bisavó. É uma das poucas lembranças que tenho dela. Quando olho para essa xícara ainda posso ver mamãe sentada na cadeira de balanço, tomando chá de erva-cidreira antes de se deitar. Lembro-me de como a segurava com as duas mãos, esperando que o chá esfriasse um pouco. É uma imagem da qual jamais me esquecerei.

Maria Helena Pires Martins. *Preservando o patrimônio e construindo a identidade*. São Paulo: Moderna, 2001. p. 11.

1 Por que a xícara é importante para a avó da Mariana?

____

____

2 Cite um objeto que faz você se lembrar de alguém ou de algum acontecimento importante em sua vida. Explique por que esse objeto traz esse tipo de lembranças a você.

____

____

Vivendo a história

1. Em uma folha de papel sulfite, escreva um pouco de sua história. Veja o roteiro a seguir.
   a) Em documentos escritos – como Certidão de Nascimento e outras certidões que você possua, Boletim Escolar, Carteira de Vacinação etc. – e documentos visuais – como fotografias e vídeos – pesquise informações sobre sua vida, observando roupas e brinquedos antigos.
   b) Em seguida, faça perguntas a seus pais, familiares ou adultos que moram com você sobre seu nascimento e os primeiros anos de sua vida (quando e onde nasceu, que passeios já fez, em quais festas já foi, que problemas de saúde teve etc.).
   c) Procure lembrar-se de alguns acontecimentos que marcaram sua vida desde os primeiros anos.
   d) Com todas essas fontes escreva sua história.
2. Depois de fazer a atividade anterior, compare sua história com a dos colegas. Todas as histórias são iguais? Por quê?
3. Converse com os colegas e o professor sobre a conclusão das atividades anteriores.

Historiar

Hélio Senatore

Faremos agora o primeiro sorteio dos **Cadernos viajantes** a fim de saber para onde eles seguirão. Dois alunos devem ser escolhidos nesse sorteio, a ser feito pelo professor.

Ambos ficarão responsáveis por levar um dos cadernos para casa e nele registrar um dos temas propostos no capítulo, vivenciado dentro ou fora da sala de aula.

Na data combinada pelo professor, o aluno sorteado trará o caderno com sua experiência individual nele registrada e compartilhará com os colegas e o professor.

CAPÍTULO

3 A História e o tempo

Sem a noção de tempo não há História, pois nela estudamos os grupos humanos e suas ações ao longo do tempo. E, como os fatos são influenciados pelo passado e pelo contexto em que ocorrem, precisamos localizar no tempo determinado fato, mesmo que aproximadamente, para ser possível analisá-lo.

Utilizando as informações do **passado**, podemos identificar como nosso **presente** se formou, entender a trajetória da humanidade, as transformações pelas quais passou e o que manteve de seu passado para chegar ao momento atual.

Passado é a parte do tempo que já passou, que é anterior ao hoje.
Presente é o tempo atual, o tempo que estamos vivendo hoje.

Observe estas imagens, que exemplificam a relação entre passado e presente.

Corbis/Latinstock

Eniac, o primeiro computador. Estados Unidos, 1946. Eniac é a sigla em inglês para Electrical Numerical Integrator and Computer. Os primeiros computadores eram máquinas enormes.

Science & Society Picture Library/Getty Images

O Apple I, primeiro computador produzido pela Apple Computers Inc., em 1976. Estima-se que o primeiro computador pessoal ou PC (Personal Computer, em inglês) foi o Kenbak-1, lançado em 1971. Apenas cerca de 40 máquinas desse modelo foram montadas e vendidas. Foi somente a partir de 1976, com o Apple 1, que os computadores pessoais entraram na escala comercial.

Zentilia/Shutterstock

Laptop, 2009. De 1980 até hoje, as mudanças dos computadores têm sido bem rápidas. Com tecnologia bastante avançada e preços mais baixos, eles foram se tornando populares.

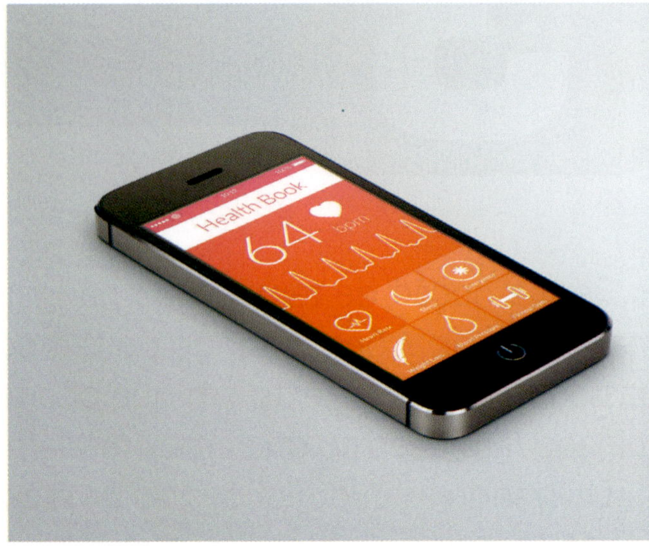

Alexey Boldin/Shutterstock

Smartphone, 2014. Atualmente, a tecnologia dos chamados computadores de bolso está cada vez mais presente na vida das pessoas. Pequenos e eficientes, possibilitam que seu usuário o leve e use em qualquer lugar.

Agora é com você

1 Depois de observar as imagens que mostram um pouco da história do computador, responda às questões.

a) Qual das imagens corresponde ao computador do passado mais distante?

____

____

____

b) O que mudou do primeiro computador para os computadores atuais?

____

____

____

____

O tempo da história

Para a História, a contagem do tempo é importante porque pode situar um acontecimento. Portanto, o tempo é uma ferramenta de trabalho do historiador que possibilita a localização **cronológica**, ou seja, a identificação de quando ocorreu determinado fato.

O termo **cronologia** pode ser entendido como o estudo de datas de acordo com a ordem dos acontecimentos.

Nem sempre é possível saber a data exata de um acontecimento; nesses casos, os **historiadores** trabalham com datas ou períodos aproximados.

Para poder situar os acontecimentos de maneira cronológica, usamos um tipo de calendário que é dividido em dias, meses e anos.

Nesse calendário cada ano tem 12 meses, os quais têm 30 ou 31 dias, com exceção de fevereiro, que tem 28 ou 29 dias. Quando o mês de fevereiro tem 29 dias, fato que ocorre a cada 4 anos, o ano é chamado de bissexto, pois passa a ter 366 dias – os demais anos têm 365 dias.

Para facilitar a contagem do tempo, foram estabelecidos alguns nomes para períodos de tempo maiores.

- Período de 10 anos = década.
- Período de 100 anos = século.
- Período de 1 000 anos = milênio.

Observe a linha do tempo da história de Mariana:

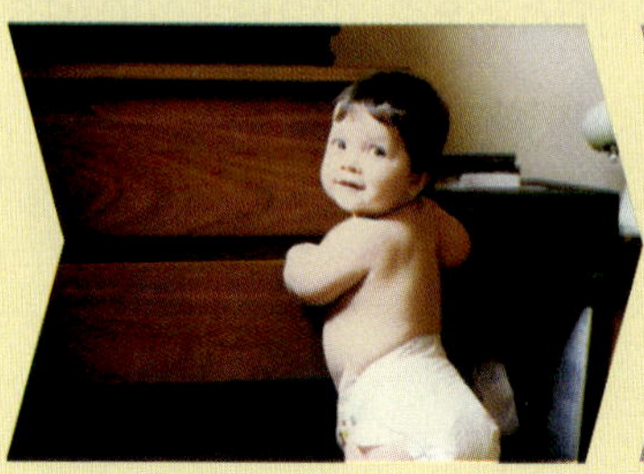

Mariana bebê, 1994.

Mariana aos 2 anos de idade, 1996.

Mariana aos 4 anos de idade, 1998.

Mariana aos 6 anos de idade, 2000.

Mariana aos 8 anos de idade, 2002.

Mariana aos 10 anos de idade, 2004.

Fotografias: Arquivo pessoal

Agora é com você

1 De quem é a história mostrada nessa linha do tempo?

2 As fotografias são de uma mesma época ou de períodos diferentes? Como você chegou a essa conclusão?

3 Qual é a fotografia mais antiga na linha do tempo de Mariana?

4 E a mais recente?

5 Quantos anos se passaram entre a fotografia mais antiga e a mais recente?

6 Em qual ano Mariana está vestida de caipira?

7 Qual atividade Mariana está realizando em 1998?

Para entender o tempo histórico

Para o estudo da História, os historiadores baseiam-se também na noção de tempo histórico, que se refere ao tempo dos acontecimentos, ao tempo que duram as transformações nas sociedades.

Nereu Jr./Fotoarena

Carroça transitando entre os carros, município de Belo Horizonte, Minas Gerais, 2012.
A tecnologia dos carros motorizados convive nas ruas com os carros puxados por animais (carroças e carros de boi, por exemplo), meios de transporte típicos de outras épocas, quando estavam entre os mais utilizados.

Acervo Maria Evangelina Rodrigues de Almeida/Tyba

Crianças durante o Carnaval, município de Belém, Pará, 1940.
Os rituais ou festas tradicionais, como a comemoração do Natal, da Páscoa ou do Carnaval, existem há centenas de anos e foram transmitidos a nós por nossos antepassados.

Agora é com você

1. Observe que a imagem 1 mostra permanência e mudança. Qual é o meio de transporte que representa a permanência do passado? E qual representa mudança?

____

____

____

2. O que está representado na imagem 2? Podemos dizer que herdamos essa festa de nossos antepassados? Explique.

____

____

Observar

Observe as imagens a seguir.

Susan Law Cain/Dreamstime

Retrato de homem, 1900.

Minerva Studio/Shutterstock

Retrato de homem, 2014.

Henri Tabarant/Only World/AFP

Homem do povo tuaregue em cidade de Tombuctu, Mali, 2013.

1. As fotografias são todas da mesma época?

____

2. Há diferenças e semelhanças entre as imagens? Quais?

____

____

____

3. As mudanças observadas referem-se a questões da sociedade em que essas pessoas vivem? Explique.

____

____

____

4. Qual fotografia mostra passado distante?

____

Vivendo a história

1 Para perceber o que muda e o que permanece igual na história, você pode conversar com pessoas mais velhas que você. Então, vamos viver essa experiência?

a) Pense no tema "brincadeira" e naquilo de que você gosta de brincar.

b) Escolha uma pessoa mais velha que você – pode ser sua mãe, pai, avó ou um funcionário da escola, por exemplo. Vá até essa pessoa e peça que lhe conte a brincadeira de que mais gostava quando era criança. Pergunte também com quem brincava e de que maneira a realizava.

c) Registre as informações a seguir.

____

____

____

____

____

____

d) Reflita sobre o que acontecia durante a infância desse adulto e ainda acontece nos dias de hoje e o que não ocorre mais.

e) Na sala de aula, compartilhe suas anotações com os colegas.

Historiar

Chegou o momento dos registros nos **Cadernos viajantes**.

O tema deste capítulo foi a relação entre tempo e história. Então, o registro deverá se referir a uma vivência desse tema.

Hélio Senatore

Os dois alunos sorteados ou escolhidos para levar os cadernos a mais uma viagem deverão trazê-los de volta para a sala de aula na data combinada e apresentar seus registros.

CAPÍTULO

4 Como estudar a História

Imagine que você e sua família vão mudar de cidade e antes disso querem saber como é o local onde pretendem viver, como são as construções, como as pessoas se organizam, como se vestem e o que gostam de comer.

Para descobrir informações sobre a cidade vocês decidiram pesquisá-las em diferentes fontes – por exemplo, fotografias.

Ao pesquisar dados sobre a cidade, vocês encontraram imagens que mostram uma mesma região dela em dois períodos diferentes. Observe-as e responda: O que é possível saber sobre sua nova cidade com base nessas fotografias?

1

Coleção particular

Mercado Público Central de Porto Alegre, município de Porto Alegre, Rio Grande do Sul, 1915.

2

Rubens Chaves/Pulsar Imagens

Mercado Público Central de Porto Alegre, município de Porto Alegre, Rio Grande do Sul, 2008.

Agora é com você

1 Quais são as diferenças entre as imagens? E as semelhanças?

____

____

____

Fontes históricas

Para entender a história humana, os pesquisadores buscam e estudam as pistas e os **vestígios** deixados pelos seres humanos no espaço e no tempo.

São esses vestígios que, de certa forma, contam a história da humanidade. Eles são chamados de documentos ou **fontes históricas**.

Ao estudar as fontes, os pesquisadores da História interpretam o passado, criando as versões que conhecemos e estudamos, por exemplo, em aulas de História na escola.

Considera-se **fonte histórica** todo tipo de material resultado da ação humana por meio do qual é possível investigar fatos de determinada sociedade no tempo e no espaço.

É importante saber que essas fontes nem sempre foram produzidas com a intenção de registrar os acontecimentos. Ainda assim, elas podem ser ponto de partida para estudar como uma pessoa ou grupo vivia em sua época, seja ela do passado distante ou recente.

As fontes podem ser classificadas em:

- **escritas** – jornais, livros, revistas, cartas, diários, certidões (de Nascimento, de Casamento, de Óbito), poemas, letras de canções, romances, novelas escritas etc;

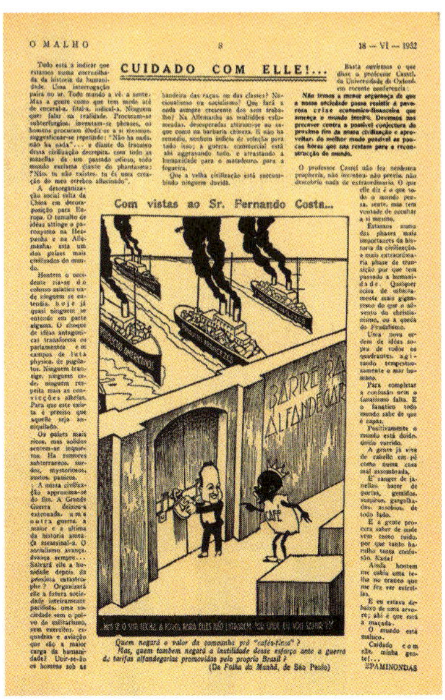
O MALHO

CUIDADO COM ELLE!...

Com vistas ao Sr. Fernando Costa...

Arquivo Público do Estado de São Paulo, São Paulo

Página da revista *O Malho*, 28 de outubro de 1922.

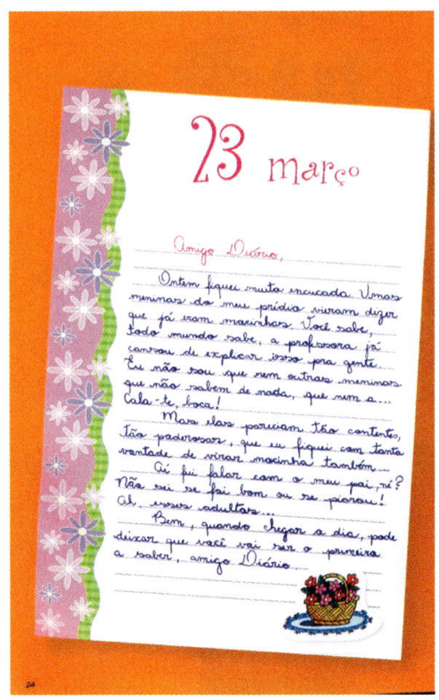
23 março

Amigo Diário,

Ontem fiquei muito encucada. Umas meninas do meu prédio vieram dizer que já eram mocinhas. Você sabe, todo mundo sabe, a professora já cansou de explicar isso pra gente. Eu não sou que nem outras meninas que não sabem de nada, que nem a... Cala-te, boca!

Mas elas pareciam tão contentes, tão poderosas, que eu fiquei com tanta vontade de virar mocinha também...

Aí fui falar com o meu pai, né? Não sei se foi bom ou se piorou! Ah, esses adultos...

Bem, quando chegar o dia, pode deixar que você vai ser o primeiro a saber, amigo Diário.

Ziraldo

Página do livro *Diário da Julieta*, de Ziraldo. São Paulo: Editora Globo, 2010.

- **orais** – relatos, entrevistas, histórias ou lendas contadas ou registradas. Das fontes orais fazem parte também os documentos sonoros, que são os registros de sons, como músicas, ritmos e falas contidos em disco de vinil, fitas cassete, CDs, DVDs, arquivos eletrônicos etc.

Nic Neufeld/Shutterstock

A palestrante Jean Palmer oferece o microfone à alguém após discurso, Winnipeg, Canadá, 2012.

Renato Soares/Pulsar Imagens

Indígena conta histórias para as crianças guaranis da aldeia Pindo-Te, município de Pariquera-Açu, São Paulo, 2010.

- **visuais** – imagens de forma geral, como desenhos, pinturas, gravuras, vídeos, filmes, documentários, programas de televisão, mapas, fotografias, propaganda, histórias em quadrinhos, **charges** e **cartuns**;

Tarsila do Amaral Empreendimentos/Coleção particular

Tarsila do Amaral. *Cartão-postal*, 1929. Óleo sobre tela, 127,5 cm × 142,5 cm.

Arquivo Público do Estado de São Paulo, São Paulo

Propaganda de farinha láctea publicada na revista *A Cigarra* em dezembro de 1928.

- **materiais** – **ornamentos** (pessoais e coletivos), vestimentas, móveis, utensílios, ferramentas, moedas, construções (casas, templos, sepulturas), esculturas, meios de transporte etc.

Museu Imperial, Petrópolis/Foto: Rômulo Fialdini

Moedas antigas feitas de ouro. Na parte superior, 10 mil réis, de 1842; na parte inferior, 4 mil réis, de 1824.

Cesar Diniz/Pulsar Imagens

Fórum Barão de Macaúbas, antiga Casa de Câmara e Cadeia. Construção do início do século XIX, município de Rio de Contas, Bahia, 2014.

- **imateriais** – manifestações artísticas da cultura popular, como celebrações, danças e lendas; e tradições, como os pratos típicos de algumas regiões e os modos de fazer determinados produtos.

Marco Antônio Sá/Pulsar Imagens

Apresentação de cacumbi no Encontro Cultural de Laranjeiras, município de Laranjeiras, Sergipe, 2013.

G. Evangelista/Opção Brasil Imagens

Arroz com pequi, prato típico do estado de Goiás, 2013.

Aprender brincando

1 Observe a imagem e, depois, responda às questões.

Flip Estúdio

a) O que os personagens estão fazendo?

____

____

____

____

b) Quais objetos aparecem na imagem? Quais fontes eles representam?

____

____

____

O trabalho do historiador

Entre os pesquisadores do passado estão os historiadores, profissionais especializados no estudo da história que têm treinamento e técnicas para analisar as fontes históricas e, com base nelas, estudar os feitos da humanidade e escrever sobre eles.

O trabalho desses pesquisadores é investigar as fontes, ou seja, eles formulam perguntas e questionamentos sobre o passado e buscam a resposta analisando diferentes documentos históricos. Depois de interrogar pessoas e analisar e comparar informações, eles criam versões de acontecimentos relacionados a uma pessoa, um grupo ou uma localidade.

É bom lembrar que nem tudo o que acontece ou aconteceu foi registrado, assim como nem todas as fontes (materiais ou não) foram preservadas. Por isso, o historiador sempre trabalhará com visões parciais do passado.

A história da humanidade está sempre em construção, pois a todo momento podem ser descobertos novos documentos ou ser feitos questionamentos diferentes às fontes, dando margem a novas interpretações de um mesmo acontecimento.

Tuca Vieira/Folhapress

Historiadores examinando cópias de diário de bordo inglês sobre a vinda da família real ao Brasil, em 1807. Os documentos pertencem ao acervo do Museu Imperial de Petrópolis, Rio de Janeiro, Rio de Janeiro, 2014.

Agora é com você

1. Se um historiador fosse escrever sua história, que fontes ele provavelmente usaria?

____

____

____

Agora é com você

1 Observe as imagens a seguir. Depois, preencha o quadro classificando-as de acordo com a categoria de documento à qual pertencem.

1

Coleção particular/Foto: Werner Forman Archive/Glow Images

Chefe com criados, sem data. Ornamento peitoral da cultura edo, Benim.

2

Yadid Levy/Robert Harding/Alamy/Glow Images

Contador de histórias em Djemaa el Fna, Marrocos, 2006.

3

Coleção particular

Páginas do livro *Duas viagens*, de Hans Staden, publicado em 1557, sobre suas viagens ao Brasil.

4

Henrik Kettunen / Alamy/Glow Images

Quadro com retrato de família do século XIX.

5

Universal Music

Capa do DVD *Casa de brinquedos*, de Toquinho.

6

G. Evangelista/Opção Brasil Imagens

Cavalhada na Festa do Divino, município de Pirenópolis, Goiás, 2013.

Escrito	Oral	Visual	Material	Imaterial

Observar

Observe as fontes históricas a seguir e, depois, faça o que se pede.

Fonte 1

Acervo Laeti Imagens

Propaganda de geladeira produzida pela General Electric, 1958.

Fonte 2

Dagli Orti/The Art Archive/Alamy/Glow Images

Telefone de mesa à manivela, 1910.

Fonte 3

Sr. Amadeu

Nasci no Brás, [...] no dia 30 de novembro de 1906. [...].

Nesse tempo não existia luz elétrica na rua, só **lampiões de querosene**. Em casa também, os lampiões eram pendurados na sala, no quintal e na cozinha. Só quando eu tinha dez anos é que veio a luz elétrica [...].

Na frente da casa passavam os vendedores de castanha, cantarolando. E o pizzaiolo com latas enormes, que era muito engraçado e vendia o produto dele cantando. As crianças iam atrás. A rua não tinha calçada. Elas ficavam à vontade nas ruas antigas. Eram ruas de lazer, porque não tinham movimento, e crianças tinham demais. Em São Paulo, nos terrenos baldios grandes, sempre se faziam parques para a meninada. Meus irmãos jogavam futebol na rua. Tínhamos um clube, formado por nós, chamado Carlos Garcia. [...]

Ecléa Bosi. *Memória e sociedade: lembranças de velhos*. São Paulo: Companhia das Letras, 1994. p. 124-125.

1 Sobre a **fonte 1** responda às questões.

a) Que tipo de objeto é mostrado?

____

____

b) A que público se destina?

____

____

c) Qual é o nome da **fonte 1**?

____

____

____

2 O objeto da **fonte 2** ainda existe? Quais são as semelhanças e as diferenças com esse objeto na atualidade?

____

____

____

3 **A fonte 3** é um depoimento colhido pela autora e transcrito em um livro no qual outras pessoas também contam histórias de seu passado. Que tipo de fonte são os depoimentos?

____

4 Que informações sobre a história pessoal do Sr. Amadeu podem ser coletadas na **fonte 3**?

____

____

____

Ponto com

http://ponto com

Na internet é possível acessar *sites* com depoimentos de pessoas sobre suas histórias de vida. Um deles é o do Museu da Pessoa.

- Entre no *site* <www.museudapessoa.net/_index.php/v2013/home>.
- Você poderá acessar a história de muitas pessoas. Escolha algumas delas para ler e depois comentar com os colegas.

Vivendo a história

1 Com a ajuda de um adulto que more com você, escolha um objeto que possa ser considerado fonte para estudar sua história ou a de sua família (por exemplo, um brinquedo, um caderno, uma roupa, uma carta, uma fotografia).

Analise essa fonte buscando nela informações sobre sua vida ou a de sua família.

Anote o que descobriu e como fez essa descoberta: se foi com lembranças suas, com relatos de outras pessoas ou de outra forma.

Traga os resultados para a sala de aula e troque informações com os colegas.

Historiar

É hora de nossos **Cadernos viajantes** realizarem mais uma viagem até a casa dos alunos escolhidos.

Hélio Senatore

O tema deste capítulo trouxe muitas informações sobre as diferentes fontes para estudar a história. Escolha uma vivência pessoal relacionada aos assuntos abordados e registre-a no **Caderno viajante**.

Não se esqueça de que é possível usar diversas formas de registro: vários tipos de textos, desenhos, colagens etc.

Compartilhe o resultado em sala de aula com os colegas e o professor.

Relembrando o que estudei

- Podemos perceber a passagem do tempo por meio da observação da natureza e das pessoas, bem como na sucessão de dias e noites.
- Os seres humanos criaram formas e instrumentos para medir o tempo, como os relógios e os calendários, de acordo com suas necessidades.
- Todas as pessoas têm uma história.
- Todos os acontecimentos de nossa vida fazem parte de nossa história.
- Na história, a contagem do tempo é importante para situar cronologicamente um acontecimento.
- O tempo histórico refere-se, entre outras coisas, ao tempo dos acontecimentos; por isso, em um mesmo tempo cronológico, pode haver vários tempos históricos.
- Para estudar a história dos seres humanos, das cidades etc., os pesquisadores usam os documentos ou fontes históricas.
- As fontes históricas podem ser orais, escritas, visuais, materiais e imateriais.

Cantinho de sugestões

Livros

Editora Salamandra

- *Bisa Bia, Bisa Bel*, de Ana Maria Machado. São Paulo: Salamandra, 2007.
Numa mistura do real com o imaginário, a autora cria uma conversa entre uma menina e sua bisavó, e depois com a própria bisneta, apresentando as mudanças no papel da mulher na sociedade.

Editora Nova Fronteira

- *Eu e o tempo*, de Bia Bedran. Rio de Janeiro: Nova Fronteira, 2007.
O livro traz a história de uma menina que estabelece várias relações sobre o tempo.

Editora Miguilim

- *Aventura no fundo da gaveta*, de José Carlos B. de Aragão. Belo Horizonte: Miguilim, 2002.
Nessa gaveta o leitor encontra muitos objetos esquecidos que contam a história de uma pessoa.

Turista fotografando a Pedra do Ingá ou Itaquatiara, com inscrições rupestres, município de Ingá, Paraíba, 2013.

Rubens Chaves/Pulsar Imagens

Casario do Largo do Pelourinho com Igreja de Nossa Senhora do Rosário dos Pretos, município de Salvador, Bahia, 2013.

Município de Porto Alegre, Rio Grande do Sul, na década de 1950.

UNIDADE

2

OS ESPAÇOS E A HISTÓRIA

Escultura *Os Guerreiros* ou *Os Candangos* na Praça dos Três Poderes, município de Brasília, Distrito Federal, 2014.

É hora de trocar ideias

Observe as imagens. Depois, converse com os colegas e o professor sobre elas.

1. Para você, em que se relacionam as imagens com o título da unidade?
2. Em sua opinião, é possível estudar a história das localidades? Caso você entenda que sim, explique como.
3. As características das paisagens e localidades mudam com o tempo?

CAPÍTULO

1 Cada local com sua história

Todos os espaços, coletivos ou não, têm história. Sua casa e escola, as ruas, os bairros, as cidades, os países – independentemente de onde estejam localizados – têm uma história e uma memória.

Cada bairro tem sua própria identidade, aspectos que o identificam. Por exemplo, existem os que apresentam grande quantidade de comércios, outros no qual há muitas fábricas e ainda os que são exclusivamente residenciais.

Os lugares geralmente são identificados por características como paisagem natural, determinado tipo de arquitetura, atividade econômica etc.

Também é possível identificar os locais como: históricos, quando têm construções antigas; turísticos, quando suas belezas naturais, arquitetônicas etc. atraem muitos visitantes; industriais ou comerciais, quando a atividade que predomina na região é a industrial ou comercial, respectivamente.

Há localidades marcadas por suas influências culturais. Elas costumam ser identificadas por suas tradições culturais, que podem estar relacionadas a um ou mais grupos.

Observe nas fotografias a seguir alguns exemplos das relações de certos locais com sua identidade.

João Prudente/Pulsar Imagens

Fachada de hotéis com arquitetura típica austríaca, município de Treze Tílias, Santa Catarina, 2012.
Treze Tílias, assim como muitas outras cidades catarinenses e de outros locais do Brasil, teve colonização europeia. Suas construções, culinária, festas e tradições de origem austríaca são muito marcantes e identificam a cidade.

Gerson Gerloff/Pulsar Imagens

Rua Coronel Cláudio no centro comercial, município de Ponta Grossa, Paraná, 2012.
Ruas como a da imagem são comerciais. Quando se pensa em um local para compras, ruas como essa são as mais indicadas.

Agora é com você

1 Qual é a característica mais marcante dos lugares representados?

____

____

____

2 Na região onde você mora, existe algum local que apresenta características marcantes? Quais?

____

____

____

3 Procure na internet ou em revistas imagens de lugares com as seguintes características: belezas naturais, construções antigas, atividade comercial. Recorte ou imprima as imagens encontradas e cole-as em uma folha de papel sulfite separando-as por:

- Beleza natural.
- Construções antigas.
- Atividade comercial.

Interligando com Geografia

1 De acordo com o que você aprendeu sobre as características dos locais, observe a rua onde mora e, na sequência, elabore um texto descritivo com base nas questões a seguir.

- Como é a organização da paisagem desse local?
- Há grande quantidade de belezas naturais?
- Existem muitas construções antigas?
- São muitas as construções atuais?
- É grande a atividade comercial?
- O que é predominante nesse local que o identifica?
- Qual é a principal característica desse local: moradia, trabalho ou lazer?
- De que você mais gosta nesse local? Por quê?
- E do que menos gosta? Por quê?

Não se esqueça de colocar título no texto.

2 Pensando em sua rua, pinte de **verde** os quadradinhos que correspondem ao que existe nela e de **vermelho** aqueles que indicam o que não existe.

a) ☐ casa
b) ☐ dentista
c) ☐ loja de carros
d) ☐ padaria
e) ☐ hospital
f) ☐ sorveteria
g) ☐ escola
h) ☐ correios
i) ☐ igreja
j) ☐ farmácia
k) ☐ mercado
l) ☐ *shopping center*
m) ☐ livraria
n) ☐ banco
o) ☐ prédio alto
p) ☐ açougue
q) ☐ sítio
r) ☐ *pet shop*
s) ☐ praça
t) ☐ sapataria
u) ☐ cabeleireiro

As mudanças nos espaços

Os seres humanos constroem e reconstroem seus espaços para atender às suas necessidades e desejos. Essas transformações acontecem de acordo com a organização de cada sociedade.

Uma rua pode ser aberta para criar um novo caminho entre lugares, construções podem ser feitas para abrigar novos moradores, atividades econômicas ou áreas de lazer.

Um exemplo prático pode ser percebido quando você observa sua rua, seu bairro ou o caminho até a escola. Repare nesses lugares e você perceberá que essas mudanças ocorrem constantemente – e isso passou a acontecer desde quando os seres humanos começaram a habitá-los.

Todas as mudanças e as permanências na paisagem fazem parte da história do local e são ações e intervenções humanas.

Observe as imagens.

Coleção particular

1

Jean-Baptiste Debret. *Ponte de Santa Ifigênia em São Paulo*. 1827. Aquarela sobre papel, 14,5 × 20,6 cm.

Coleção particular/Foto: Aurélio Becherini

2

Viaduto Santa Ifigênia e a igreja de Santa Ifigênia, ambos em construção, município de São Paulo, em 1912.

Rubens Chaves/Pulsar Imagens

Viaduto Santa Ifigênia, São Paulo, São Paulo, 2013.

Agora é com você

1 As três fotografias mostram o mesmo local em tempos diferentes. Observe-as e responda às questões a seguir.

a) Em sua opinião, o que mudou de um registro para o outro?

____

____

____

b) O que permaneceu?

____

____

____

c) Em sua opinião, é possível que esse lugar volte a ser como era na fotografia 1 ou 2? Justifique.

____

____

____

d) A paisagem retratada na fotografia 3 ainda pode mudar? Justifique.

____

____

____

Contextualizar

Leia o texto a seguir e depois responda às questões.

E era uma rua calma, dos tempos antigos, quando ainda havia lampião de querosene. De manhã cedo se escutava a música dos vendedores de coisas que naquele tempo cantavam cantigas – os "**pregões**" – que chamavam a atenção de quem ali morava. Como era o nome da rua?

Tinha um nome bonito a rua daquela cidade: Rua das Rosas. Ninguém sabe a razão, mas eu acredito que era porque a casa tinha um jardim na frente, e cada jardim era cheio de rosas.

A Rua das Rosas era bonita, com as suas casas coloridas: vermelhas, amarelas, azuis, cor-de-rosa. [...]

Com o passar do tempo uma a uma as casas da Rua das Rosas iam sendo derrubadas e nos seus lugares grandes prédios iam nascendo. Os vendedores já não passavam mais na rua. Como iriam anunciar suas coisas, se quem morava nos apartamentos não os escutava? [...]

Hoje a gente cresceu e está vendo a Rua das Rosas como está: menino não brinca mais nas suas calçadas, que estão cheias de automóveis parados, e nem mais um vendedor passa cantando o que tem para vender. Nem a Rua das Rosas tem mais esse nome. Hoje ela tem nome de um homem que ninguém sabe quem foi. [...]

Fernando Lobo. *Ruas das rosas, rua dos meninos*. São Paulo: FTD, 1993. p. 11, 25-26.

1 Como era a Rua das Rosas?

____

____

2 Que mudanças aconteceram nessa rua?

____

____

3 A descrição feita no texto retrata um pouco da história da Rua das Rosas? Explique.

____

____

Olhares sobre os locais

Mesmo passando por transformações ao longo do tempo, as ruas, os bairros e as cidades conservam em sua paisagem construções que lembram a influência dos povos que viveram ali no passado. Essas influências podem ser percebidas nas fachadas das casas e dos comércios, na organização das ruas e até mesmo na forma de construir as moradias.

As construções do passado podem conviver com as formas de viver e de se organizar do presente.

Podemos perceber que os lugares são formados por paisagens diversas que o identificam; essas paisagens podem ser registradas de diferentes maneiras, como por meio de fotografias, telas, desenhos, mapas, **plantas**, vídeos, textos, poemas ou letras de canções. Os diferentes olhares sobre os espaços são registros que fazem parte da história do lugar.

Observe as imagens a seguir.

Antonio Cícero/Fotoarena

Vista aérea do Theatro da Paz, município de Belém, Pará, 2014.

Antonio Cícero/Fotoarena

Vista da Praça da República, com destaque para o Museu Histórico do Mato Grosso, o Palácio da Instrução e a Catedral Metropolitana Basílica do Senhor Bom Jesus, município de Cuiabá, Mato Grosso, 2013.

Agora é com você

1. O que há de comum entre as duas fotografias?

____

____

2 É possível perceber quais são as construções mais antigas e quais são as mais recentes? Explique.

____

____

____

3 Em sua opinião, as construções antigas podem ser consideradas registros da história desse lugar? Explique.

Contextualizar

1 Um local pode ser retratado de várias maneiras. Observe essas imagens da cidade do Rio de Janeiro, leia as **legendas** e o poema e, em seguida, responda às questões.

1

Galeria Jacques Ardiès.

Helena Coelho. *Remo da Lagoa*, 2010.

2

Tupungato/Dreamstime

Desenho de criança retratando a cidade do Rio de Janeiro, Rio de Janeiro, 2014.

Aquele abraço

O Rio de Janeiro continua lindo
O Rio de Janeiro continua sendo
O Rio de Janeiro, fevereiro e março
[...]

Compositor e intérprete: LP *Gilberto Gil*, 1969 – faixa 3.
Gravadora: Universal.

a) Que aspectos da cidade foram retratados em cada uma das imagens e no poema?

____

____

____

b) Para você, o que cada artista conseguiu transmitir sobre a cidade do Rio de Janeiro?

____

____

____

c) Pensando nas imagens e no poema, qual foi impressão sobre o Rio de Janeiro?

____

____

____

2 Como você retrataria o lugar onde mora? Em uma folha de papel sulfite, siga os exemplos e crie uma pintura, um desenho ou um texto poético que mostre seu olhar sobre a região onde mora.

Historiar

Este capítulo apresentou questões referentes às mudanças nas paisagens locais, salientando que essas transformações fazem parte da história.

Hélio Senatore

Pensando nessa questão, é hora de fazer o registro nos **Cadernos viajantes**.

Se você foi sorteado para levar um deles para casa, deve anotar uma de suas vivências relacionadas aos temas tratados.

No dia combinado, os cadernos devem retornar de viagem para que a experiência registrada seja compartilhada com todos.

CAPÍTULO 2

Herança e Patrimônio Histórico e Cultural

A palavra **herança** refere-se a tudo que as gerações anteriores nos deixaram e o que deixaremos para as futuras, seja por meio dos modos e costumes, dos saberes e práticas tradicionais, das celebrações etc. (levando em consideração aspectos imateriais) ou da cultura material (com monumentos, construções, documentos escritos e visuais etc.).

Essas heranças formam o **Patrimônio Histórico e Cultural**, um conjunto de bens que têm valor histórico e estão ligados à identidade e à memória de determinado grupo ou comunidade, de uma cidade, de um país ou mesmo de toda a humanidade.

O **Patrimônio Histórico e Cultural** é formado por bens históricos, artísticos, arquitetônicos, **imateriais** e naturais cuja conservação é de interesse público, pois guardam a memória e a história de uma sociedade, ou seja, são importantes para a identidade de determinada coletividade.

Observe os exemplos a seguir.

- Patrimônios históricos imateriais

Carlos Ezequiel Vannoni/Fotoarena

Passistas de frevo durante Desfile das Virgens, município de Olinda, Pernambuco, 2014.

Rubens Chaves/Pulsar Imagens

Mulher vestida com roupas típicas regionais segurando um acarajé pronto para consumo, município de Salvador, Bahia, 2013.

- Patrimônios históricos materiais

Carol Garcia/Governo da Bahia

Terreiro da Casa Branca do Engenho Velho, Salvador, Bahia, 2013.

Rafael Andrade/Folhapress

Pavilhão de São Cristóvão, local onde funciona a Feira de Tradições Nordestinas, Rio de Janeiro, Rio de Janeiro, 2010.

Agora é com você

1 Observe as imagens e complete o quadro classificando-as de acordo com o solicitado.

Saberes e práticas tradicionais, festas e celebrações da cultura popular	Monumentos, construções e documentos

2 Qual é a importância do patrimônio histórico para a coletividade?

3 Se hoje você fosse guardar alguma coisa para mostrar a seus netos no futuro, o que guardaria?

Patrimônio Histórico e Cultural brasileiro

Como já vimos, as heranças são bens históricos que fazem parte do patrimônio histórico e cultural de uma sociedade.

Um bem é declarado patrimônio quando está fortemente relacionado à identidade de um povo.

O Patrimônio Histórico e Cultural brasileiro é formado por bens **materiais**: monumentos; pinturas; esculturas; joias; mobiliários; sítios arqueológicos; documentos escritos e outros.

E **imateriais**, compostos de: tradições orais; crenças; conhecimentos enraizados no cotidiano de certa comunidade; **rituais** que marcam a religiosidade ou cultura de um povo; festas tradicionais; santuários e demais espaços onde se concentram e se reproduzem práticas culturais; maneiras de fazer um prato típico de determinada tradição.

No Brasil, desde 1937 existe um órgão responsável pela definição do que pode ser considerado patrimônio e pela defesa e conservação dele. Esse órgão é o Instituto do Patrimônio Histórico e Artístico Nacional (Iphan).

A escolha ou a definição de bem para ser considerado patrimônio nacional depende de sua importância para a história da sociedade brasileira, passando por um processo denominado **tombamento**.

Lazyllama/Shutterstock

Casarões no centro histórico, município de São Luís, Maranhão, 2013.

Douglas Lambert/Folhapress

Fazenda de produção artesanal de queijos feitos com leite cru, município de Cambuí, Minas Gerais, 2011.

Tombamento é uma ação realizada por órgãos do poder público (governo, secretarias etc.) cujo objetivo é preservar bens de valor histórico, cultural, ambiental, entre outros, protegendo-os da destruição e garantindo cuidados com sua manutenção.

As fotografias mostram heranças que recebemos do passado e que fazem parte do Patrimônio Histórico e Cultural Brasileiro.

Agora é com você

1 Observando as fotografias, identifique e preencha a tabela com as representações de bens materiais e de bens imateriais.

Bens materiais	Bens imateriais

2 Com base no que você aprendeu e em seu conhecimento sobre o local onde vive, responda à questão a seguir.

a) Em seu município há monumentos, edifícios, ambientes urbanos ou naturais que poderiam ou deveriam ser preservados como patrimônio histórico e cultural?

____

____

3 Com a ajuda do professor, formem grupos e façam uma pesquisa sobre os patrimônios de seu estado. Para auxiliá-los, sigam o roteiro abaixo e utilizem a internet como ferramenta.

Roteiro

a) Pesquisem quais patrimônios existem em seu estado.

b) Escolham um deles e descrevam os itens indicados a seguir:

- nome do patrimônio;
- localidade;
- tipo de patrimônio;
- importância para a comunidade local.

c) Caso seja possível, selecionem imagens desse patrimônio.

Patrimônios da humanidade

Um patrimônio da humanidade é um local considerado valioso para todo o mundo, independentemente de onde está localizado. O órgão responsável por definir quais são esses patrimônios é a Organização das Nações Unidas para a Educação, a Ciência e a Cultura (Unesco).

Ela colabora para que lugares de grande importância para a humanidade não sejam destruídos.

A declaração de um bem como Patrimônio da Humanidade se dá por suas características históricas, arquitetônicas, culturais, naturais ou ambientais.

Jorge Adorno/Reuters/Latinstock

Turistas observam catarata, no município de Foz do Iguaçu, Paraná, 2013. O Parque Nacional do Iguaçu é um dos patrimônios naturais da humanidade no Brasil.

Agora é com você

1 O que faz um lugar ser considerado patrimônio da humanidade?

____

____

____

2 A fotografia mostra um patrimônio da humanidade no Brasil. Que tipo de característica levou esse lugar a ser considerado como tal?

____

____

Aprender brincando

Neste jogo, você se reunirá com um colega e, juntos, conhecerão um pouco melhor o Patrimônio Histórico e Cultural brasileiro.

Vocês precisarão de um dado e dois peões, um para cada jogador. Para isso, recortem esses itens da página 145 dos **Encartes**.

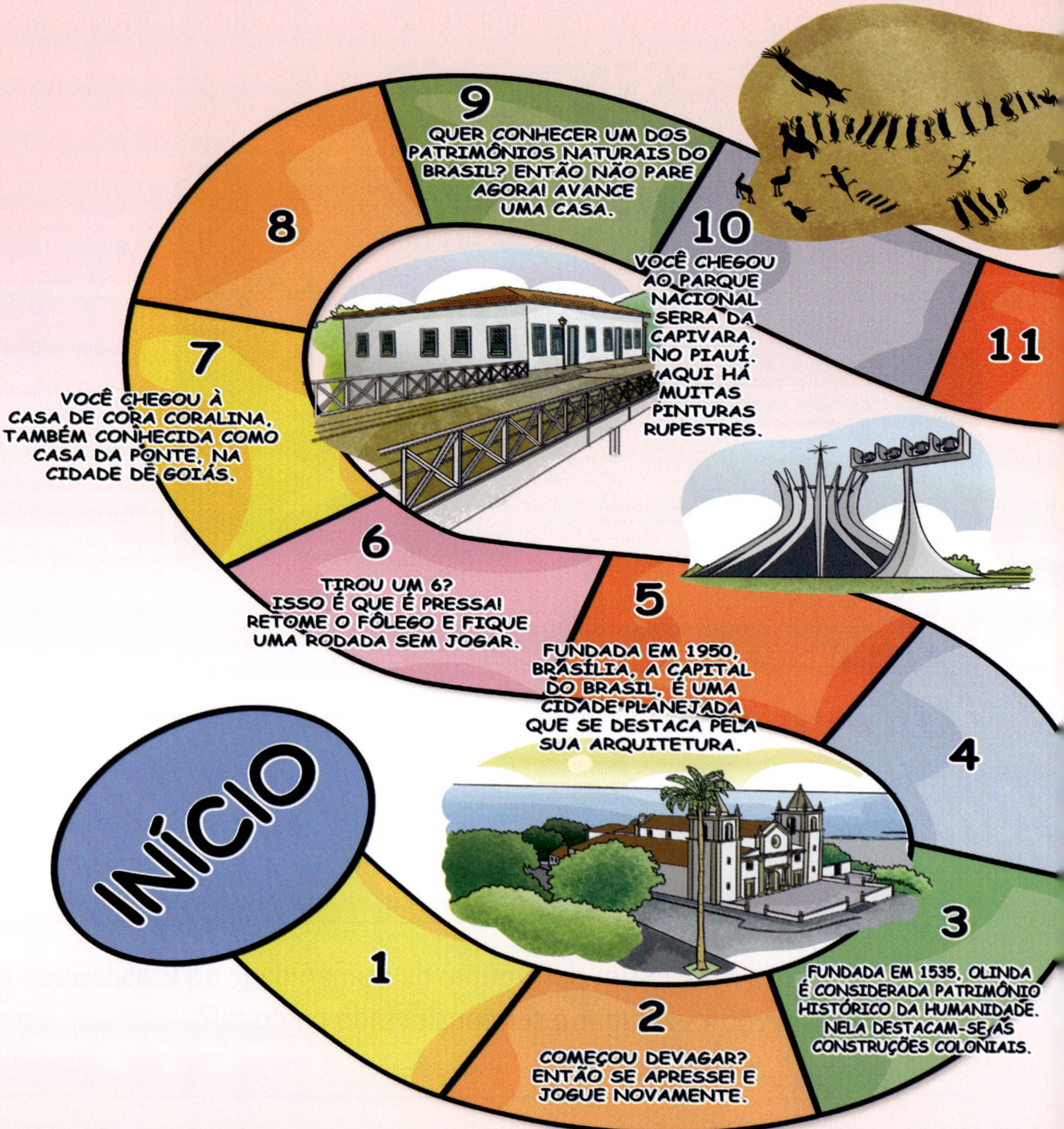

Definam quem jogará primeiro o dado e iniciem o jogo. Cada um deverá percorrer o número de casas que o dado indicar.

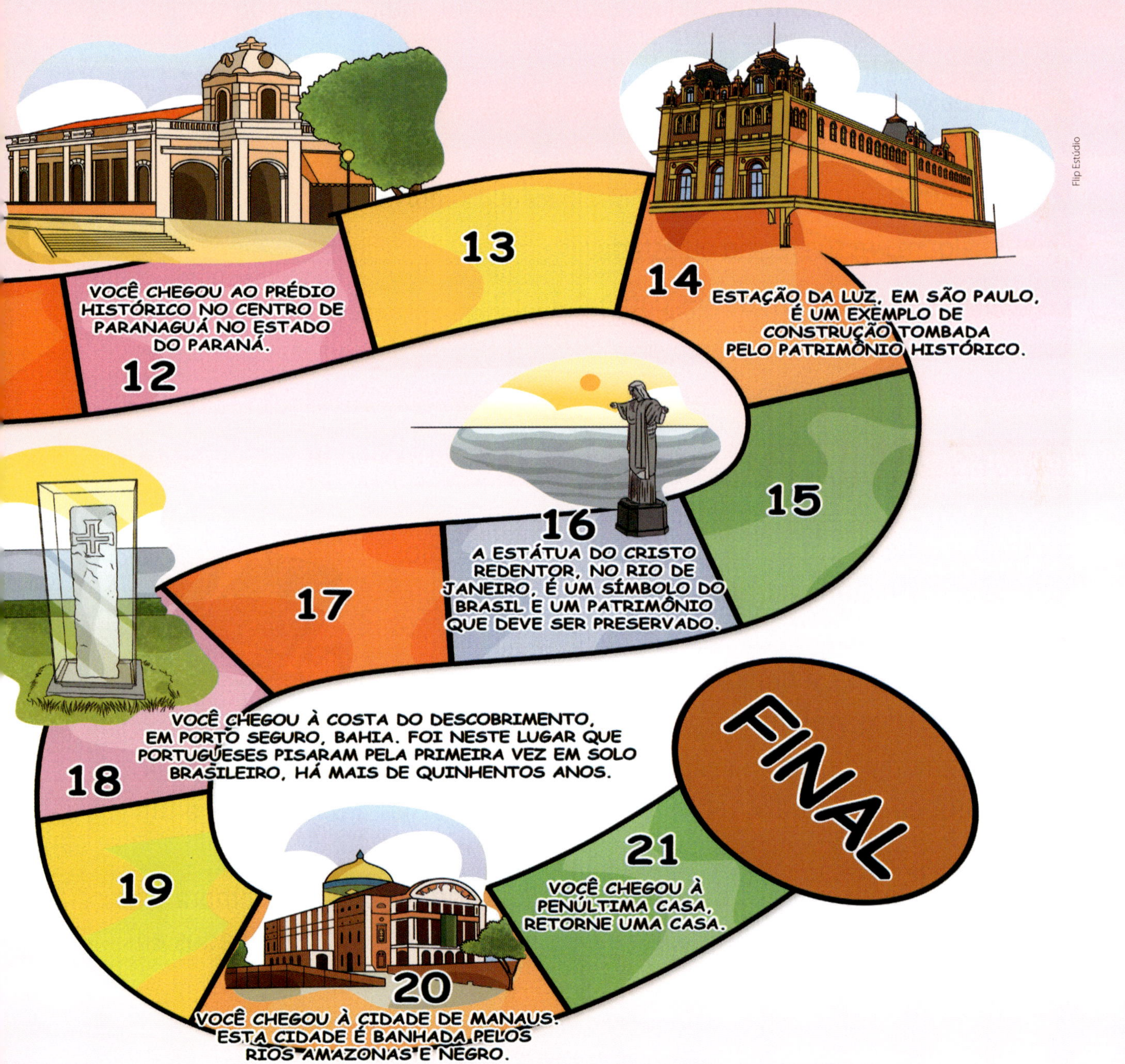

Flip Estúdio

Ponto com

http://ponto com

Quais são os patrimônios da humanidade do Brasil?

- Acesse o *site* da Unesco no Brasil no endereço: <www.unesco.org/new/pt/brasilia/culture/world-heritage/list-of-world-heritage-in-brazil>.
- A página de abertura já apresenta a lista do Patrimônio Mundial no Brasil. Observe a lista. A data ao lado de cada localidade indica o ano de tombamento.
- Com base nessas informações, converse com os colegas e o professor sobre as questões a seguir.
  - Quantos patrimônios da humanidade estão no Brasil?
  - Há algum em sua região ou estado?
  - Você conhece algum desses patrimônios?

Historiar

Hélio Senatore

O capítulo trouxe informações sobre alguns patrimônios que fazem parte da história cultural de nosso país e do mundo.

Pensando nesse tema, é hora de mais uma viagem e dos registros nos **Cadernos viajantes**.

Procure se lembrar de alguma experiência que teve em relação à temática do patrimônio histórico e cultural e relate-a. Pode ser uma visita a um museu, a um parque etc.

Os registros podem ser feitos de várias maneiras (com fotografias, lembranças materiais de alguma visita, desenhos etc.) e devem ser depois compartilhados em sala de aula.

CAPÍTULO

3 Guardar e preservar histórias

O patrimônio histórico é composto de bens (materiais ou imateriais) produzidos em diferentes épocas, desde o passado mais remoto até o presente, e por meio dele podemos saber um pouco dos valores, costumes, técnicas, modos de viver de quem os produziu. Ele pode ter importância cultural, artística, religiosa, documental etc.

Um patrimônio histórico é escolhido como tal quando se torna representativo para dada sociedade, ou seja, quando um grupo social lhe atribui valores culturais. Dessa forma passa a ter outros significados históricos e sociais, constituindo parte da identidade de determinado grupo, local, país ou até mesmo para a humanidade – quando se torna um bem mundial.

A manutenção desses bens não passa somente pelo tombamento, já visto antes, mas também pela conservação e os cuidados para que não seja destruído nem danificado.

Fábio Vieira/Fotoarena

Pichação no Monumento a Duque de Caxias na Praça Princesa Isabel, São Paulo, São Paulo, 2014.

Agora é com você

1 Descreva o problema mostrado na imagem quanto à conservação desse patrimônio.

____

____

____

Preservação do patrimônio: direito e dever

Somos parte integrante do ambiente e da sociedade onde vivemos. Herdamos das pessoas que nos antecederam bens culturais que contam parte de nossa história. Da mesma maneira, também deixaremos heranças para as gerações futuras.

A preservação dos bens herdados das gerações passadas e dos que ainda estão em construção é um direito e um dever. Temos direito ao acesso à nossa história que foi preservada e o dever de participar de sua preservação e garantir que as próximas gerações tenham acesso a esse conhecimento.

Assim, todos – sociedade e governo – somos responsáveis pela preservação do patrimônio.

Uma forma eficiente e comum de preservar patrimônios históricos é protegê-los sob a administração de instituições como museus, bibliotecas, casas da memória e casas de cultura. Esses lugares – que podem ser públicos ou particulares – são centros de preservação da memória e da cultura, pois guardam bens importantes para a conservação da identidade local, nacional ou mesmo mundial.

Flip Estúdio

Agora é com você

1 Você sabe o que é preservação? Converse com os colegas e o professor e anote a conclusão.

____

____

____

2 O que devemos fazer para preservarmos os bens coletivos?

____

____

____

3 Complete as frases corretamente usando as palavras do quadro a seguir.

direito	dever	herança	preservação	sociedade

a) Todos somos responsáveis pela ______________ do patrimônio.

b) Fazemos parte da mesma ______________ e do ambiente.

c) Ter nossa história preservada é um ______________.

d) Cuidar do que herdamos dos antepassados é um ______________.

e) Cuidar do patrimônio é deixar ______________ para as gerações futuras.

4 Das atitudes listadas a seguir, pinte de **verde** as que se referem aos cuidados que devemos ter com nossa rua, nosso bairro e nossa cidade e de **vermelho** as atitudes que não devemos ter.

a) ☐ Separar lixo que pode ser reciclado ou reaproveitado.

b) ☐ Pichar prédios e casas.

c) ☐ Manter nosso espaço limpo e cuidado.

d) ☐ Jogar lixo nas calçadas, nos rios e terrenos baldios.

e) ☐ Cuidar do ambiente em que vivemos.

f) ☐ Não depredar monumentos nem equipamentos urbanos.

Ponto com

http://ponto com

Você sabia que pode visitar museus do Brasil e do mundo virtualmente? Nesta seção **Ponto com** você conhecerá o Museu Casa de Portinari. Cândido Portinari foi um importante artista brasileiro, e sua obra é reconhecida até hoje. A casa onde morava, em Brodowski, São Paulo, foi transformada num museu no qual várias de suas obras e utensílios pessoais estão expostos. Vamos começar nossa visita virtual!

- Na barra de endereço de seu navegador, digite: <http://museucasadeportinari.org.br>.
- Na página inicial há uma fotografia da casa que abriga o museu. Anote no caderno as principais características dessa construção.
- Na barra horizontal, na parte superior da tela, clique em "Visite o museu" e, em seguida, clique em "Visita virtual". Leia as instruções do *site* e depois clique em "Comece agora o seu *Tour* Virtual" para realizar a visita.
- O primeiro local que você avistará é a rua onde fica o museu. Anote no caderno as principais características dessa rua. Não se esqueça de mencionar se achou a rua agradável, se é uma rua parecida com a sua ou, ainda, se já visitou esse local.
- Navegue pelos ambientes do museu e, ao final, escolha um deles (Entrada, Ateliê 1, Ateliê 2 etc.). Em uma folha à parte, faça um desenho representando a sala escolhida. Não se esqueça de anotar o nome do ambiente que você desenhou.
- Por último, afixe o desenho no mural da sala de aula, para que todos possam ver suas observações dessa visita virtual.

Turma Conectada

Um patrimônio brasileiro

Todo patrimônio histórico é coletivo e precisa ser cuidado, preservado, divulgado, conhecido e valorizado, pois faz parte de uma história e de uma cultura – que pode ser comunitária, regional, de um país ou do mundo.

Leia a história da Turma Conectada.

Estúdio Ornitorrinco

1 Com base nas perguntas a seguir, reflita sobre o papel de cada um de nós na proteção e preservação dos patrimônios.

a) Que atitudes devemos adotar quando estamos diante de objetos, construções e monumentos históricos?

b) É correto pichar ou destruir esse patrimônio?

c) Quem serão os prejudicados se acabarmos com nosso patrimônio histórico?

Vivendo a história

Assim como os patrimônios históricos, os objetos também têm história e podem revelar um pouco de nossa memória familiar.

1 Monte uma exposição com base em sua memória familiar. Para isso, realize os passos a seguir.

a) Peça a seus pais ou responsáveis algum objeto antigo – uma moeda, uma roupa, um brinquedo etc. – que tenham em casa. Essas peças podem ter pertencido a algum antepassado seu, como avós, bisavós etc.

b) Em seguida, peça que contem a história desse objeto. Não se esqueça de anotar o que for importante.

c) Por último, traga-o para a escola, junte com os objetos trazidos pelos colegas e organizem uma exposição como as que são feitas em museus.

Lembrem-se de colocar uma etiqueta de identificação em cada objeto explicando de quando ele é, qual é sua história e por que ainda está guardado.

Interligando com Língua Portuguesa

1 A exposição organizada na atividade anterior pode ser aberta à visitação tanto para outras turmas da escola como aos pais e a toda a comunidade. Juntos, elaborem um convite para as pessoas. Para isso, lembrem-se de que todo convite deve ter algumas informações: quem está convidando; qual é o motivo; quando (dia e horário do evento); onde será realizado; a quem se destina.

Historiar

As descobertas desse capítulo nos fornecem muitas ideias para um registro especial nos **Cadernos viajantes**.

Nesse caso, os alunos sorteados devem registrar suas vivências relacionadas à preservação do patrimônio público.

No dia marcado para o retorno, os registros serão compartilhados com a turma toda.

Hélio Senatore

Relembrando o que estudei

- Cada espaço, independentemente de onde esteja localizado, tem sua história.
- Alguns espaços são identificados por suas características.
- De acordo com o tipo de organização de cada grupo, a paisagem vai se construindo e se transformando.
- Os espaços podem manter características que identificam as influências de quem ali viveu no passado.
- Os patrimônios históricos podem ser comunitários, regionais, de um país ou de toda a humanidade.
- Os patrimônios históricos e culturais são constituídos por monumentos, conjuntos arquitetônicos, sítios arqueológicos, parques nacionais, manifestações artísticas e culturais cuja conservação é de interesse público, pois guardam a memória e a história de um povo.
- Os museus têm, entre outras, a função de guardar e conservar objetos que fazem parte da história de um povo.
- É nosso dever preservar e conservar os patrimônios, pois eles guardam a história e a memória social.

Cantinho de sugestões

Livros

Editora Formato

- *Histórias de ruas*, de Maria Ângela Resende. São Paulo: Formato, 2008. Relata histórias de ruas, o porquê de seus nomes e outras questões interessantes.

Editora Moderna

- *Se essa rua fosse minha*, de Eduardo Amos. São Paulo: Moderna, 2002. Falando de amizades, brincadeiras, festas e cooperação, o autor elaborou uma história que é uma paródia da música popularmente conhecida. Lembrando-se da responsabilidade de cada um, o autor propõe um desafio: "E se essa rua fosse sua?". Uma possibilidade de discutir os problemas urbanos que estão a nossa volta .

Indígenas preparando beiju na Aldeia Yawalapiti, município de Gaúcha do Norte, Mato Grosso, 2013.

Renato Soares/Pulsar Imagens

Pesca de arrastão na praia de Mucuripe, município de Fortaleza, Ceará, 2012.

Vitalino Pereira dos Santos (1909-1963). *Barbeiro*. Cerâmica policromada, 13,5 cm × 11 cm × 19,5 cm, Alto do Moura, município de Caruaru, Pernambuco.

UNIDADE

3 VIVENDO EM COMUNIDADES

Marcos Mattos/Olhar Imagem

Museu do Homem do Nordeste, Recife/Foto: Rômulo Fialdini

Festa de Corpus Christi, município de Santana de Parnaíba, São Paulo, 2013.

É hora de trocar ideias

Observe as imagens. Depois, converse com os colegas e o professor sobre elas.

1. Elas se relacionam com o título desta unidade? Explique.
2. As cenas representadas nas imagens acontecem em qualquer lugar do Brasil?
3. Como poderíamos nomear os grupos representados nessas imagens?

CAPÍTULO

1 Viver e conviver

Os seres humanos costumam viver em grupos, formando **comunidades**.

A convivência social favorece a troca de informações e experiências. Foi convivendo que os primeiros grupos humanos desenvolveram a capacidade da fala e do pensamento, o que possibilitou que fossem estabelecidas as relações de ajuda, união e sobrevivência.

Em razão da convivência, surgiu a necessidade de regras de comportamento, ou seja: normas combinadas que todos devem seguir para uma convivência harmoniosa. Essas regras podem ou não ser escritas e estão fundamentadas no princípio de que todos somos iguais.

Comunidade é um conjunto de pessoas que partilham algum interesse, objetivo, costume, espaço geográfico, crença, cultura, governo, tradições, profissão etc.

Ilustrações: João P. Mazzoco

Ilustrações: João P. Mazzoco

Agora é com você

1. Em sua opinião, por que as pessoas se reúnem em comunidades?

____

____

____

____

2. Você conseguiria viver sozinho? Explique sua resposta.

____

____

____

____

____

3. Complete as frases corretamente.

a) Quando pessoas com interesses e características comuns se agrupam, formam uma ______________________.

b) A vida em grupo possibilitou aos seres humanos o desenvolvimento da ____________________ e do ____________________.

A vida comunitária

Em uma comunidade, geralmente as pessoas colaboram umas com as outras, por isso todas são importantes.

Precisamos uns dos outros para fazer tarefas simples e também as mais complicadas. Necessitamos de pessoas para nos fazer companhia, conversar, brincar, compartilhar segredos, além do carinho e do cuidado delas, que também são essenciais em nossa vida. Todos são imprescindíveis, por exemplo: precisamos do agricultor, que planta e colhe o trigo; do moleiro, que o mói e produz a farinha; e do padeiro, que a transforma em pão para nos alimentar; do médico, que cuida de nossa saúde; entre muitos outros.

A comunidade é uma rede integrada e de **interdependência**. A mesma pessoa pode pertencer a vários grupos ou comunidades ao mesmo tempo: familiar, escolar, da vizinhança, profissional, religiosa, virtual e de amigos, entre outras. Participamos de muitas comunidades, cada uma é importante para nossa vida e a dos outros membros. Cada membro desempenha um papel de igual importância dentro da comunidade.

1

Rubens Chaves/Pulsar Imagens

Torcedores no jogo Brasil × Colômbia pela Copa do Mundo de 2014, estádio Arena Castelão, município de Fortaleza, Ceará, 2014. Os torcedores de um time fazem parte de uma comunidade.

2

David Lichtneker/Alamy/Glow Images

Garoto visitando rede social, 2014. As comunidades podem ser formadas também por pessoas que compartilham a mesma rede social na internet. É uma comunidade virtual, e nesse tipo de comunidade não há convivência direta, social.

Paulo Fridman/Pulsar Imagens

Trabalhadores costuram sacos de juta que são usados na exportação de café, município de Manaus, Amazonas, 2013. O grupo de trabalho também é uma comunidade.

Chris Crisman/Corbis

Família reunida, 2014. A família é a primeira comunidade de que fazemos parte.

Agora é com você

1. Explique com suas palavras o que significa a interdependência citada no texto.

____

____

2. Cite pessoas ou grupos de que você necessita no dia a dia.

____

____

3. Observe as fotografias desta página e da anterior e explique, com suas palavras, o que une as pessoas de cada comunidade retratada.

____

____

4. No caderno, cite:

a) duas atividades que podemos realizar sozinhos;

b) duas atividades que, para serem realizadas, precisam da ajuda ou do trabalho de outras pessoas.

Interligando com Arte

Que tal fazer a dobradura de uma casa e colocar dentro dela o nome das pessoas que fazem parte de uma comunidade a que você pertence? Vá ao final do livro, na parte dos **encartes**, página 147, e veja como fazê-la.

Turma Conectada

Estúdio Ornitorrinco

1 Com base na história em quadrinhos, responda às questões.

a) Na história em quadrinhos, quando a presença do outro foi necessária?

____

____

____

b) As personagens pertencem a várias comunidades. Pelas imagens, é possível identificar ao menos duas delas. Quais são e como você as descobriu?

____

____

____

____

Regras de convivência

Conviver é viver com o outro. Assim, para que isso aconteça de uma forma que seja boa para todos, os seres humanos, ao longo da história, estabeleceram regras.

As regras de trânsito são escritas e foram criadas pela necessidade social de convivência entre pedestres e motoristas de carros, motocicletas, caminhões etc. Elas são alteradas de acordo com as mudanças da sociedade.

Cada sociedade compõe, à sua maneira, seus códigos de conduta para que os indivíduos saibam como agir buscando a harmonia e sem prejudicar o outro.

Repassadas entre as gerações, essas regras foram sendo estabelecidas no decorrer dos anos, primeiro de forma não escrita, por meio do que se chama costume, e depois na forma escrita das leis.

Os costumes correspondem ao que foi combinado e aos acordos entre as pessoas de uma mesma comunidade. São estabelecidos no cotidiano pelo uso e transmitidos oralmente às pessoas. Há também outras formas de lei, os regulamentos. Eles podem ser específicos para determinados grupos, como clubes, condomínios, escolas etc.

Já as leis são obrigações legais, normas oficiais criadas pelos representantes do governo para atender às necessidades de cada sociedade e organizá-la. Portanto, servem para toda a coletividade, para toda uma sociedade composta de diferentes tipos de comunidades.

A Constituição Federal é a principal lei de nosso país e regula muitos aspectos da vida dos brasileiros. Para ser elaborada considerou-se a diversidade de costumes presentes em nossa sociedade.

Os costumes, transmitidos de forma oral, regulam a forma como as pessoas pescam, por exemplo. Eles são definidos de acordo com os hábitos da comunidade que os cria.

Aprender brincando

1 Para este jogo, siga o passo a passo.

a) Organizem-se em duplas.

b) Recortem e montem as peças das páginas 149 e 151 dos **Encartes**.

c) Iniciem a partida.

d) Ao final, sentem-se numa grande roda para conversar sobre a atividade, levantando quais foram as dificuldades enfrentadas e as conquistas realizadas.

João P. Mazzoco

Agora é com você

1. Dando continuidade à experiência do jogo da seção **Aprender brincando**, responda oralmente às questões.

   a) Você e seu parceiro conseguiram participar do jogo?

   b) Em sua turma, todos conseguiram jogá-lo?

   c) Para iniciar o jogo o que foi necessário fazer primeiro?

   d) Relate alguma situação diferente ocorrida durante a partida.

   e) Havia nesse jogo alguma regra diferente das que você conhece?

   f) Todos seguiram as regras?

   g) O que acontece quando não são seguidas as regras em um jogo?

2. Relacione a atividade anterior com a vida em comunidade. O que é necessário tanto nos jogos como nas comunidades?

___

___

___

3. Como surgiram as regras, as normas e os costumes?

___

___

4. O que são leis e como são criadas?

___

___

___

5. Cite exemplos de regras escritas e de regras não escritas.

___

___

___

Contextualizar

Leia o texto a seguir.

Crédito imagem

– Sonhei que andava pelas ruas de uma cidade em que os automóveis estacionavam de qualquer jeito, parados no meio da rua, os que estavam andando passavam por cima das calçadas, nos cruzamentos todos queriam atravessar ao mesmo tempo e o resultado era que ninguém conseguia passar.

– Que horror de cidade!

– As pessoas entravam nas lojas, escolhiam mercadorias, algumas pagavam por elas, outras exigiam dinheiro para levar os produtos.

– E que outras barbaridades havia?

– Às vezes eu entrava em uma avenida e tinha logo que voltar atrás, porque alguém havia resolvido construir uma casa, com jardim e tudo bem no centro dela. [...]

Luiz Maria Veiga. *Para que servem as leis?* São Paulo: Livros do Tatu, 1991. p. 4-5.

1 O que há de errado ou o que está faltando na cidade sonhada pelo narrador do texto?

____

____

____

2 Como você mudaria essa situação? Dê exemplos.

Historiar

É hora de nossos **Cadernos viajantes** fazerem mais uma de suas viagens.

Hélio Senatore

O tema estudado neste capítulo foi a convivência e, no contexto, as comunidades e as regras para a vida coletiva.

Se você foi um dos escolhidos para esta viagem dos cadernos, faça as anotações com base em suas experiências sobre o tema.

Na data marcada para o retorno dos cadernos, os registros serão compartilhados e os outros alunos também poderão fazer relatos orais sobre o assunto.

CAPÍTULO

2 Comunidades indígenas

Atualmente, há no Brasil 240 povos **indígenas**, falantes de mais de 150 línguas. Esses grupos são **descendentes** dos nativos que os portugueses encontraram quando chegaram às terras que mais tarde formariam o Brasil.

Indígena quer dizer nativo ou originário de determinado país, região ou lugar. É também usado para indicar aquele que habitava o continente americano antes da colonização europeia, que fazia ou faz parte de um dos povos nativos do continente americano, ou descendente de um deles.

Os povos indígenas são muito diferentes entre si, embora existam alguns traços em comum entre determinados grupos. Eles formam diferentes comunidades e cada uma delas tem sua própria organização social e cultural.

Galeria Jacques Ardies, São Paulo

Walde-Mar de Andrade e Silva. A árvore, 1984. Óleo sobre tela, 200 cm × 100 cm.

Muitos grupos indígenas mantêm suas tradições culturais, que foram herdadas dos antepassados. No entanto, assim como quaisquer outros grupos, eles passaram por transformações, adquirindo novos hábitos e costumes.

Os indígenas são cidadãos brasileiros e há leis específicas que atendem às suas necessidades.

Agora é com você

1 Observe a imagem e responda às questões.

a) Podemos afirmar que a imagem da página anterior é uma obra de arte? Justifique.

____

____

b) O que está sendo retratado?

____

____

____

c) Pode-se dizer que esse retrato se refere a uma comunidade? Por quê?

____

____

____

2 Há algum grupo indígena na região onde você mora? Se sim, quais informações tem dele?

____

____

____

____

Viver em uma comunidade indígena

Grande parte dos grupos indígenas vive em **terras Indígenas**, formando diferentes comunidades. Entretanto, também há indígenas vivendo fora dos territórios que tradicionalmente ocupavam.

Existem ainda grupos indígenas isolados, com pouco ou nenhum contato com povos não indígenas.

Terras indígenas são locais onde os grupos indígenas vivem em caráter permanente. Essas terras são utilizadas para suas atividades produtivas e são necessárias para que eles possam manter seus usos, costumes e suas tradições. As terras ou reservas indígenas geralmente são demarcadas pelo governo federal e não podem ser comercializadas.

Nas terras demarcadas, os indígenas geralmente se organizam em aldeias. Nesses locais, eles constroem suas moradias e estruturam suas vidas de acordo com as características culturais de seu grupo.

De maneira geral, nas aldeias indígenas a vida é comunitária. Todos realizam juntos parte das atividades e convivem uns com os outros. Toda comunidade costuma ter um chefe, mas as decisões podem ser tomadas em grupo.

A diversidade indígena pode ser vista na língua, na alimentação, nos usos e costumes, nas festas, nas danças, na música, nas brincadeiras, nos jogos e nos rituais.

Mario Friedlander/Pulsar Imagens

Indígenas de etnia bororo da Aldeia Meruri, município de Cuiabá, Mato Grosso, 2013.

Rosa Gauditano/ Studio R/

Grupo de indígenas da etnia xavante realiza a dança dos padrinhos (*wanaridobê*) na Aldeia Xavante, Mato Grosso, 1992.

Agora é com você

1 Com base no texto, como se organiza a vida comunitária dos indígenas? Explique.

____

____

____

2 Os dois grupos indígenas retratados são do mesmo estado (Mato Grosso), porém apresentam características diferentes. Observe as fotografias, leia as legendas e responda às questões.

a) Qual é o nome de cada um dos grupos indígenas?

____

____

b) Os indígenas usam adornos típicos de algum ritual. No que esses adornos se diferem?

____

____

____

____

Observar

1 Observe as fotografias, leia as legendas e faça o que se pede.

Renato Soares/Pulsar Imagens

Indígenas descascando mandioca para preparação do beiju na Aldeia Yawalapiti, município de Gaucha do Norte, Mato Grosso, 2013.

Fábio Colobini

Dança Auguhi com homens da etnia kalapalo. Aldeia Aiha, no Parque Indígena do Xingu, Mato Grosso, 2011.

a) Quais atividades ligadas à vida comunitária dos indígenas estão retratadas?

____

____

____

b) Levante **hipóteses** sobre o motivo de essas atividades serem importantes para esses grupos. Se necessário, pesquise em livros ou na internet.

____

____

____

____

____

Contextualizar

Leia o texto a seguir e depois responda às questões.

Aldeias

Existem povos que são **seminômades** e, portanto, não têm aldeia fixa.

Eles constroem suas casas de acordo com as necessidades de sobrevivência do grupo e conforme as [...] estações do ano. O povo Pirahã é um desses grupos.

O povo Mawê (Saterê), que vive no Amazonas, chama sua aldeia de vila. Lá, devido aos muitos anos de contato com a sociedade regional, esse povo organiza sua aldeia de forma muito parecida a uma cidade. [...]

O povo Munduruku tem sua aldeia organizada em fileiras de casas. Entre as casas há um pátio onde as crianças podem brincar livremente. Como se trata de um povo que tem na pesca seu principal sustento, a aldeia está construída bem próxima ao rio. [...]

Daniel Munduruku. *Coisas de índio*. São Paulo: Callis, 2000. p. 34-35.

1 O que são aldeias indígenas?

___

___

___

2 Levante hipóteses sobre o motivo de as aldeias indígenas se organizarem de maneiras diferentes entre si.

___

___

___

3 Consulte em diferentes dicionários os significados do termo **seminômade** e, depois, explique com suas palavras o que são povos seminômades.

___

___

___

Interligando com Arte

O artesanato é uma das manifestações culturais dos indígenas. A arte da cestaria, por exemplo, é passada de geração em geração e realizada por alguns grupos indígenas que habitam o território brasileiro.

Trançado de papel

Material:

- folhas de jornais;
- tintas guache nas cores branca, amarela, vermelha, azul e preta;
- uma tesoura sem ponta;
- uma cola branca;
- um pincel grosso;
- um pote pequeno transparente para misturar a tinta com água.

Fotografias: Dotta

Como fazer

1. Recorte várias tiras retangulares. Uma delas será a base para confecção do mosaico, e as outras serão trançadas.
2. Partindo da ponta inferior do retângulo, vá fazendo dobras pequenas até chegar à outra ponta. Faça isso com todas as tiras.
3. Deixe uma tira na horizontal para servir de base e cole nela a ponta das outras, que ficarão então na vertical.

4. Após essa colagem de tiras, é hora de começar o trançado do mosaico utilizando as tiras que restaram. Passe uma tira por vez na horizontal intercalando com as já coladas na vertical: primeiro uma tira por cima e depois uma por baixo, formando assim um traçado como o da imagem.

5. Agora arraste com cuidado a tira trançada até o início da base.

6. Após traçar todas as tiras da horizontal, seu mosaico estará com a primeira parte finalizada. Corte os excessos de papel nas pontas.

7. Agora é o momento de iniciar as representações de gravuras indígenas no trançado. Pinte o mosaico com tinta guache branca.

8. Aguarde a tinta secar uns minutos e solte a criatividade.

9. Com os colegas e o professor, organizem uma exposição para que todos possam apreciar os trabalhos.

Ponto com

http://ponto com

Quer saber mais informações sobre os grupos indígenas?

- Acesse o *site* <http://pibmirim.socioambiental.org>.
- Na página inicial há varias opções de *links*; na barra superior, clique e acesse informações sobre cada grupo, como quem são, onde estão, como vivem, que língua falam.
- Clicando em cada opção, além das informações gerais, haverá outras opções para consulta com assuntos do tema inicial.
- Há também opções de jogos e vídeos, todos interessantes para você conhecer melhor a cultura indígena e ainda se divertir.
- No final, compartilhe suas descobertas em sala de aula sobre os indígenas do Brasil.

Historiar

É hora de os **Cadernos viajantes** realizarem mais uma de suas viagens.

Hélio Senatore

Nesta viagem serão registradas vivências relacionadas ao tema "comunidades indígenas". Como ele é muito amplo, se você é um dos alunos que levará o caderno para casa, selecione um assunto específico dentro desse tema, com a ajuda do professor.

Os resultados devem ser compartilhados com todos os alunos quando os cadernos retornarem para a sala de aula.

CAPÍTULO

3 Comunidades quilombolas

As comunidades **quilombolas** começaram a se formar no período da História do Brasil em que os portugueses trouxeram pessoas do continente africano para trabalhar aqui.

Em 1530, os portugueses iniciaram a colonização do território que mais tarde se tornou o Brasil e o cultivo da cana-de-açúcar. Para isso, eles precisaram de muitos trabalhadores. Primeiro, tentaram **escravizar** os indígenas para utilizá-los como mão de obra; depois, trouxeram à força os africanos.

Como praticavam comércio com várias regiões da África, os portugueses trouxeram povos de diferentes regiões – portanto, com tradições, costumes e línguas diferentes – na condição de escravos para trabalhar no Brasil.

Durante os mais de 300 anos em que durou a escravidão no Brasil, os escravizados resistiram e lutaram de várias maneiras. A fuga e a formação de quilombos foram algumas das formas de resistência.

Nos quilombos, eles viviam em liberdade, seguindo seus costumes e tradições africanos.

Quilombola é como chamamos os descendentes de escravos fugidos das fazendas na época da colonização do Brasil. Esses escravos fundaram pequenos vilarejos escondidos no meio do mato, chamados quilombos. As terras **remanescentes** desses quilombos formaram as comunidades quilombolas.
Escravizar é tornar uma pessoa propriedade de outra. Nessa situação, ela perde o direito de decidir a própria vida e é obrigada a trabalhar para seu dono sem receber nenhum pagamento. A pessoa que foi escravizada também pode ser vendida, comprada, doada, alugada, maltratada e, por vezes, até morta por seu dono, sem que isso seja considerado crime.

Religiosos quilombolas carregando imagem do santo em procissão realizada após a missa na Festa de São Sebastião, município de Rio de Contas, Bahia, 2014.

Agora é com você

1 Relacione as palavras do quadro com o que você aprendeu sobre as comunidades quilombolas.

1. fuga	**2.** quilombolas	**3.** quilombos	**4.** África

a) ( ) Lugar onde os escravizados poderiam viver em liberdade e praticar suas crenças e costumes.

b) ( ) Uma das formas de resistência à escravização.

c) ( ) Continente de onde pessoas eram trazidas à força para trabalhar no cultivo da cana-de-açúcar.

d) ( ) Nome atual das comunidades remanescentes dos quilombos.

Como se formaram as comunidades quilombolas

A maioria das comunidades quilombolas está localizada em áreas de antigos quilombos, onde atualmente vivem grupos de descendentes dos escravos africanos.

Há também comunidades que foram formadas por reproduzir e manter o modo de vida característico dos antigos quilombolas e pelo fato de seus membros se autodefinirem como quilombolas.

Além das comunidades originárias de quilombos, há as que se formaram por meio de terras:

- compradas por escravos e ex-escravos;
- recebidas por herança ou doação de fazendeiros a escravos;
- adquiridas por posse, ou seja, os escravos ou descendentes moraram ali por muito tempo e conseguiram o direito à terra.

Os grupos que vivem nessas comunidades identificam-se hoje por terem laços comuns, e o maior deles é o fato de descenderem dos escravizados africanos.

Outras características comuns a essas comunidades são a manutenção da cultura herdada de seus antepassados, uma intensa vida comunitária e o forte vínculo com o passado.

Da intensa vida comunitária, fazem parte os mutirões e os trabalhos na agricultura realizados em conjunto.

Atualmente, há muitas comunidades quilombolas espalhadas por diversos estados brasileiros.

A maioria delas está localizada na área rural, onde seus habitantes mantêm o vínculo com a agricultura e outras atividades ligadas à natureza, como o extrativismo. Há também comunidades urbanas ou que se urbanizaram quando as cidades se aproximaram delas.

Cesar Diniz/Pulsar Imagens

Artesã confeccionando pote de argila em comunidade quilombola, município de Alcântara, Maranhão, 2014.

Andre Dib/Pulsar Imagens.

Tocador de viola de buriti, no Parque Estadual do Jalapão, município de Mateiros, Tocantins, 2014.

Agora é com você

1 Complete as frases a seguir.

a) A maioria das comunidades ________________ está localizada em áreas onde antes havia quilombos.

b) As comunidades quilombolas também podem ser originárias de terras ________________ por escravos e ex-escravos, ou ainda recebidas em ________________.

c) As comunidades quilombolas existem tanto em áreas ________________ como urbanas.

2 Explique com suas palavras como surgiram as comunidades quilombolas.

____

____

____

3 Liste duas características comuns às comunidades quilombolas.

____

____

____

Observar

Observe o mapa e depois responda às questões.

Brasil: quilombos mais conhecidos (séculos XVII–XIX)

©DAE/Sonia Vaz

Fonte: Alfredo Boulos Júnior. *Os africanos e seus descendentes no Brasil: a resistência quilombola*. São Paulo: FTD, 2002. p. 18. (Coleção O Sabor da História).

1 O que está representado nesse mapa?

____

____

____

2 Há comunidades quilombolas no estado em que você vive? Quantas?

____

____

____

3 Você conhece alguma dessas áreas? Se sim, conte como ela é.

Viver em uma comunidade quilombola

As comunidades quilombolas espalhadas pelo Brasil em áreas urbanas e rurais compartilham as características da região onde se localizam.

Algumas manifestações culturais das comunidades quilombolas, como a dança, as festas religiosas e o artesanato, foram influenciadas por tradições de outros povos da região.

Atualmente, algumas comunidades quilombolas mantêm associações que participam ativamente das decisões políticas do grupo, dirigem e divulgam as ações internas. Elas organizam as vendas dos produtos da comunidade, como o artesanato, os produtos agrícolas e os que se originam do extrativismo. Além disso, uma das principais responsabilidades delas é lutar pelo reconhecimento das terras e dos direitos dos membros da comunidade.

Marco Antônio Sá/Pulsar Imagens

Grupo de dança de espontão na Festa de Nossa Senhora do Rosário na comunidade quilombola Boa Vista, município de Parelhas, Rio Grande do Norte, 2013.

Fabio Colombini

Artesanato de caruá (fibra da bromélia caruá *Neoglaziovia variegata*) da comunidade quilombola Conceição das Crioulas, município de Salgueiro, Pernambuco, 2012.

Agora é com você

1 Observe as fotografias e depois relacione-as com as frases a seguir.

a) ( ) O artesanato está presente em muitas comunidades como forma de manter as tradições culturais e também para ser comercializado.

b) ( ) As festas religiosas, danças, músicas e outras manifestações são heranças dos antepassados que vieram da África para o Brasil.

Contextualizar

Leia o texto a seguir e depois responda às questões.

Comunidades Quilombolas do Estado de Pernambuco

Artesanato local

O artesanato é atividade antiga em Conceição das Crioulas, realizado desde que as seis fundadoras da comunidade iniciaram o plantio e fiação do algodão. Mas recentemente, em uma época em que a comunidade vivenciava uma situação econômica muito difícil, o artesanato foi o modo que encontraram para promover a geração de renda. É o que nos conta a quilombola Maria Aparecida Mendes:

A comunidade tem uma história muito ligada ao artesanato. Conceição é uma comunidade que foi conquistada de um modo um pouco diferente; através da produção do artesanato tirado da fibra de algodão. As mulheres plantaram algodão, venderam fios, conseguiram renda e compraram as terras do quilombo. [...]

Em 2001, a Associação Quilombola de Conceição das Crioulas com o apoio da Universidade Federal de Pernambuco e do SEBRAE, desenvolveu o projeto Imaginário Pernambucano na Comunidade. Através de oficinas de gestão de qualidade e consultorias de design, mais de 30 produtos foram desenvolvidos como as bonecas de **caroá** que representam as mulheres da comunidade. O artesanato é confeccionado com barro, caroá, palha e imbira.

[...] o artesanato de Conceição das Crioulas vem participando de diversos encontros e conferências, sendo divulgado nacional e internacionalmente. A participação nesses eventos é também uma importante forma de apresentar a história e organização da comunidade. Em Conceição das Crioulas, cada peça produzida conta a história e reafirma a identidade étnica de sua população.

Fabio Colombini

Artesanato de caruá da comunidade quilombola Conceição das Crioulas, município de Salgueiro, Pernambuco, 2012.

No início, as artesãs eram todas mulheres. Mas aos poucos os homens foram começando a participar do projeto. [...]

O sucesso desse trabalho, explica Maria Aparecida Mendes, está na divulgação de uma imagem positiva de Conceição das Crioulas e em sua capacidade de incluir cada vez mais os comunitários em torno desse projeto comum:

Nosso objetivo principal foi de combater a situação de fome, as coisas ruins, a violência, o envolvimento com o tráfico. Mudamos a imagem que se tinha daquela região, de nossa comunidade. [...]

Disponível em: <www.cpisp.org.br/comunidades/html/brasil/pe/pe_conceicao_artesanato.htm>. Acesso em: ago. 2014.

1 Por que o artesanato se tornou tão importante para a comunidade de Conceição das Crioulas?

2 Qual é a origem do artesanato na comunidade?

3 A base do artesanato atual ainda é o algodão? Explique.

4 Segundo uma moradora, qual foi a maior conquista que veio por meio do artesanato?

Interligando com Arte

As *abayomis* são bonecas de pano feitas apenas com nós e poucas ferramentas, ou seja, não se usa cola ou costura. São heranças das mulheres africanas, que as confeccionavam nos navios com pedaços de suas roupas para distrair as crianças. Na África, elas eram usadas como amuleto.

Agora é sua vez de construir uma *abayomi*.

Materiais:

- 3 pedaços de retalhos retangulares de aproximadamente 30 × 60 cm, de preferência coloridos e estampados;
- 4 tiras finas de retalhos coloridos e estampados;
- 1 tesoura sem ponta.

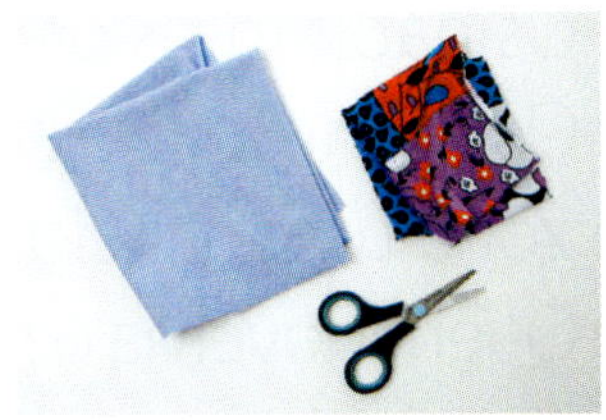

Fotografias: Dotta

Passo a passo

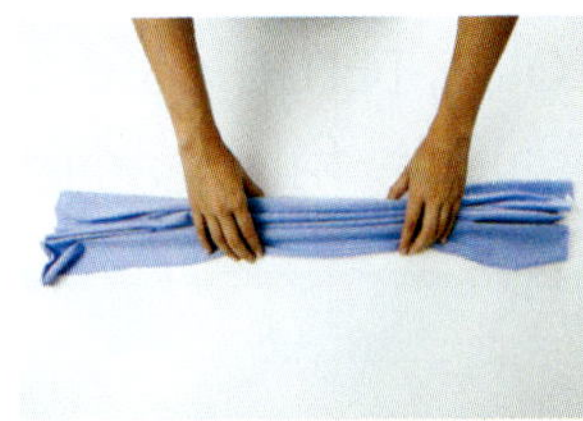

1. Torça um dos retalhos e depois dê um nó em uma das pontas para confeccionar a cabeça do boneco.

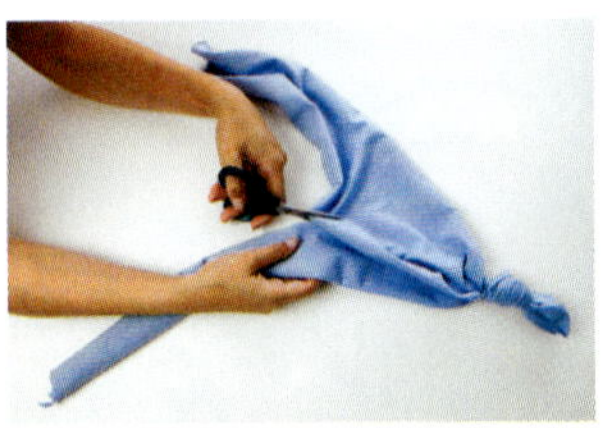

2. Coloque o retalho sobre a mesa e abra-o; depois, com a tesoura, recorte o centro do retalho. Agora faça um nó em cada ponta.

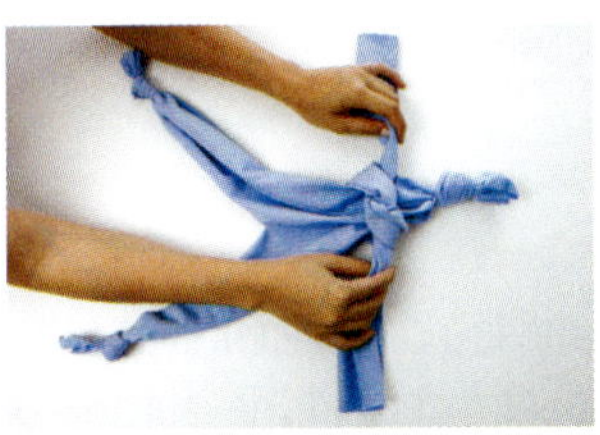

3. Pegue o outro pedaço de malha, passe-o por trás do retalho já pronto e dê um nó no centro. Depois dê um nó em cada ponta do retalho para formar os bracinhos.

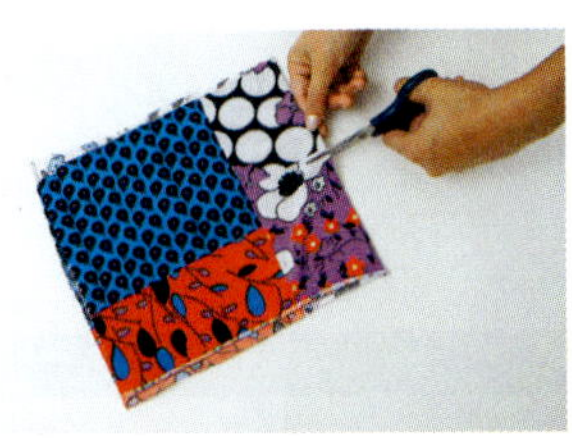

4. Agora dobre ao meio o outro pedaço de retalho colorido e recorte o centro para confeccionar a gola da roupa e vestir o boneco.

5. Vista o boneco e enfeite-o com as tiras mais fininhas, fazendo o cinto, o turbante, a pulseira etc. Use a criatividade!

CAPÍTULO 4

Comunidade do município

Os habitantes de um município também formam uma comunidade.

Os municípios são as divisões administrativas dos estados. Eles são compostos de zona urbana (cidade) e zona rural (campo).

Quem governa o município é o prefeito em conjunto com a Câmara de Vereadores.

As atividades no município ocorrem em muitos espaços de convivência, como escolas, templos e igrejas, estabelecimentos comerciais, hospitais, clínicas, postos de saúde, fábricas e parques.

Reinaldo Minillo/Olhar Imagem

Pessoas no parque, município de Mazagão, Amapá, 2010.

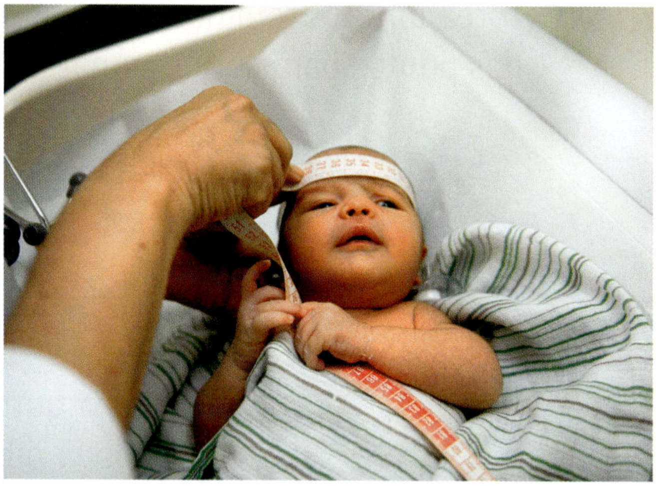

Luciana Whitaker/Pulsar Imagens

Exame médico de rotina que mede a circunferência da cabeça de bebê com 15 dias de idade, município de Rio de Janeiro, 2012. Os municípios devem oferecer aos cidadãos os serviços públicos necessários para atender a necessidades como saúde, educação, água e esgoto, lazer, entre outros.

Agora é com você

1 Qual é o nome do município onde você mora? Ele está localizado na zona urbana ou rural?

____

2 Qual é o nome do bairro ou do setor onde você mora?

3 Que tipos de convívio estão sendo mostrados nas imagens?

4 Leia as palavras da lista a seguir e, com elas, preencha a tabela classificando os nomes dos lugares de convivência que existem onde você mora de acordo com sua utilização.

papelaria ou livraria	escola	correio
oficina mecânica	supermercado	chaveiro
salão de beleza	templo	loja de roupas
hospital	faculdade	clube
fábrica	*shopping center*	clínica médica
posto de saúde	sinagoga	açougue
loja de calçados	farmácia	posto de combustível
banco	cinema	parque
biblioteca	igreja	

Lazer	
Trabalho	
Estudo	
Atividades religiosas	
Atendimento médico	
Comércio e serviços	

Para governar o município

Na organização dos municípios, é preciso haver um líder para pensar no bem-estar da população, atender às necessidades dos cidadãos e fazer cumprir as leis. Essa pessoa no Brasil é escolhida pelos **munícipes** por meio do voto. Assim, é ela quem representa a população ocupando o cargo de prefeito do município. O prefeito é chefe do **Poder Executivo** no município.

Com o dinheiro arrecadado por meio dos impostos e de outras verbas vindas dos governos estadual e federal, o prefeito, com o auxílio de outros funcionários que fazem parte da administração municipal, deve atender às necessidades dos munícipes, de acordo com o que a legislação federal define como obrigações do município.

Poder Executivo é aquele que, segundo a organização constitucional do estado, deve executar as leis, bem como gerir o governo e administrar os negócios públicos.

Ale Ruaro/Pulsar Imagens

Fachada da Prefeitura Municipal de São Luiz Gonzaga, Rio Grande do Sul, 2014.

João Prudente/Pulsar Imagens

Crianças caminhando em direção a Escola Municipal São Sebastião Brinati, no município de Caparaó, Minas Gerais, 2014.

Por meio do voto, são escolhidos também alguns representantes da população cuja função é elaborar as leis para o município: eles são os vereadores e exercem o **Poder Legislativo** no município.

Poder Legislativo é aquele a quem, segundo a organização constitucional do Estado, compete elaborar as leis.

Cesar Diniz/Pulsar Imagens

Fachada da Câmara Municipal em Carolina, Maranhão, 2013. Neste local os vereadores discutem e votam as leis municipais.

Agora é com você

1 Quais são as funções dos cargos de prefeito e vereador?

____

____

2 Atualmente, como são escolhidos os representantes do povo para governar o município? Se necessário, pesquise ou pergunte a um adulto.

____

3 Converse com seus pais (ou outro adulto que more com você), ou pesquise na internet, o nome:

a) de um vereador de sua cidade;

____

b) dos senadores de seu estado;

____

c) do prefeito de sua cidade;

____

d) do governador de seu estado;

____

e) do presidente do Brasil.

____

Contextualizar

Leia o texto a seguir e depois responda às questões.

Paulo Borges

As crianças da Rua das Flores se reuniram e decidiram eleger, entre elas, um presidente da rua. Depois de feita a votação, foram apurados os votos. O André foi o mais votado. [...]

Quando elegeu um presidente, a turma queria um líder para colocar ordem na rua, decidir como deixar o lugar mais limpo, organizar a seleção do lixo reciclável, promover o lazer. [...]

A função política é servir o povo. Os políticos são pagos para defender os interesses da comunidade. Portanto, o que fazem não é um favor ao povo, apenas cumprem suas obrigações.

Os vereadores, senadores, prefeitos, governadores e presidentes são eleitos pelo povo porque o povo confia neles e espera contar com eles.

Sueli N. Ferreira. Revista *Nosso Amiguinho*, Tatuí: Casa Publicadora Brasileira, ano 41, n. 7, p. 40, jan. 1994.

1 Por que foi eleito um presidente para a rua?

____

____

____

2 De acordo com o texto, qual é a função de um político?

____

____

3 Em uma folha de papel sulfite, represente com um desenho o texto que você leu.

O papel de cada um

Votar é a forma de os cidadãos escolherem diretamente seus representantes. No Brasil, o voto é obrigatório para todas as pessoas com idade entre 18 e 70 anos.

A população precisa estar sempre atenta ao votar e não deixar depois de cobrar de seus representantes o atendimento às suas necessidades e as melhorias que favoreçam a todos os cidadãos.

Portanto, para o bem de todos, é preciso que população e governo, juntos, pensem e ajam em função do bem público.

Quando os cidadãos se reúnem e trocam ideias, eles podem tomar decisões e buscar soluções para os problemas da comunidade – seja escolar, seja do bairro, seja do trabalho.

Todos nós desempenhamos um papel importante na busca de soluções.

Karlos Geromy/OIMP/D.A Press

Pessoas participam de mutirão do Dia Mundial da Limpeza das Praias, na Praia do Calhau, município de São Luís, Maranhão, 2012.

Gilson Teixeira/OIMP/D.A Press

Votação no município de São Luís, Maranhão, 2012. O voto é um direito e um dever dos cidadãos. Entretanto, além de votar, é preciso fiscalizar e cobrar ações dos representantes eleitos.

Agora é com você

1 As palavras da tabela referem-se a importantes serviços para os habitantes da cidade. Explique a importância de cada um desses serviços na tabela. Se necessário, pesquise para responder.

Serviços	Importância
Escolas	
Coleta de lixo	
Habitação	
Água tratada	
Emprego	
Iluminação pública	
Segurança	
Tratamento de esgoto	
Áreas de lazer	
Posto de saúde	

Observar

Reúnam-se em dupla, observem com atenção as imagens e depois respondam às questões.

Rogério Reis/Tyba

Morador de rua deitado na Avenida Sete de Setembro, município de Porto Velho, Rondônia,2013.

Alf Ribeiro/Pulsar Imagens.

Lixo na Avenida Adolfo Pinheiro, município de São Paulo, 2014.

João Prudente/Pulsar Imagens.

Rua com buracos, município de São João de Pirabas, Pará, 2013.

Cesar Diniz/Pulsar Imagens

Fila na frente do Posto de Saúde Carmela Dutra e, à direita, Hospital Municipal, município de Bom Jesus da Lapa, Bahia.

1 O que cada imagem retrata?

____

____

____

____

2 Os governantes dessas cidades estão zelando pelo bem-estar dos cidadãos?

____

____

Atitudes e valores

1 Entreviste duas pessoas e pergunte-lhes: Se você fosse prefeito, o que faria para melhorar o município? Anote as respostas a seguir.

2 Depois de juntar suas entrevistas com as dos colegas, conversem sobre as questões a seguir.

a) Qual foi a sugestão mais citada?

b) Você concorda com essa sugestão? Por quê?

c) Para que essa sugestão se torne realidade, basta a ação do governo, ou a população também é responsável?

Contextualizar

Leia o poema e depois faça o que se pede.

Uma cidade nova

Vamos juntos
criar uma cidade
de olhos de vidro
e de janelas azuis.
Uma cidade
de altas chaminés
onde pousem pássaros
e arco-íris.
Uma cidade
que não tenha limites
nem a insônia
chamada fome.
Uma cidade
alegre e sem culpa
igualzinha à nossa
mas bem diferente.

Viola Di Pietro/Dreamstime.com

Sérgio Capparelli. *Tigres no quintal*. Porto Alegre: Kuarup, 1995. p. 27.

1 Levante hipóteses para explicar os dois últimos versos do poema: "igualzinha à nossa/mas bem diferente".

____

____

____

2 O poema nos faz refletir sobre a cidade que queremos. Nos versos, o autor cita dois problemas comuns às cidades. Quais são eles?

____

____

3 Em grupos, conversem e elaborem uma lista contendo os problemas que podem ser percebidos em seu município.

Interligando com Arte

Organizem-se em grupos e construam uma maquete para representar uma cidade ideal, inventada por vocês, ou seja, a cidade que vocês desejam. Para fazer a maquete, guiem-se pelo roteiro a seguir.

1. Imaginem e conversem sobre a cidade ideal para vocês, anotando os elementos que ela precisa ter.
2. Selecionem materiais de sucata, como caixas de fósforo e de remédios, canudinhos, palitos etc.
3. Representem cada um desses elementos com material de sucata selecionado.
4. Escolham uma base para a maquete. Ela pode ser de madeira, papelão ou até mesmo de cartolinas coladas.
5. Posicionem os materiais na maquete para representar o espaço urbano que imaginaram.
6. Organizem uma exposição com as maquetes feitas por vocês.
7. Conte aos colegas como vocês imaginaram essa cidade e por que a imaginaram assim.

Para finalizar, conversem sobre o resultado final respondendo a estas questões: Seria possível viver nesta cidade? O que há nela que atende à população? O que falta? Ao fazer a maquete da cidade ideal, vocês pensaram na coletividade? Numa cidade ideal, o que é importante para todos os que moram nela?

Historiar

Hélio Senatore

Os **Cadernos viajantes** vão realizar mais uma viagem.

Os assuntos deste capítulo são bem conhecidos, pois se referem ao município onde vocês moram.

Se você for escolhido para levar um dos cadernos, faça seus registros seguindo esse tema. Podem ser situações relacionadas a algum serviço (conte se você foi bem ou mal atendido), a eleições para escolha de representantes, a alguma atividade em que o município se destaca, entre tantos assuntos.

Na data combinada para retorno, vocês devem compartilhar esses registros com os demais .

Relembrando o que estudei

- Há vários tipos de comunidade.
- Cada pessoa participa de várias comunidades ao mesmo tempo.
- No convívio social há regras escritas e não escritas.
- As comunidades indígenas se organizam de acordo com os próprios costumes.
- As comunidades quilombolas se originam de grupos que se autodefinem quilombolas e se organizam de acordo com suas tradições.
- Uma das comunidades de que fazemos parte é a do município, nele há vários espaços de convivência.
- O prefeito é quem governa o município respeitando as leis elaboradoras pelos vereadores.
- É importante saber escolher os representantes que exercerão os cargos políticos.
- Todo cidadão pode e deve lutar por seus direitos.

Cantinho de sugestões

Livros

- *Coisas de índio*, de Daniel Munduruku: São Paulo: Callis, 2003. (Versão infantil). Apresenta as múltiplas culturas das comunidades indígenas do Brasil.

Companhia das Letrinhas

- *Vizinho, vizinha*, de Roger Mello. São Paulo: Companhia das Letrinhas, 2002.
  O livro relata a vida numa cidade grande.

Cosac Naify

- *Os sete novelos*, de Angela Shelf Mdearis. São Paulo: Cosac Naify, 2006. Um conto de Kwanzaa sobre uma família de sete irmãos da tribo Axânti, que precisam unir-se em benefício da comunidade onde vivem. Juntos, os sete irmãos confeccionam um tecido multicolorido, demonstrando a necessidade de cooperação para alcançar um objetivo em prol de toda a comunidade.

Dila. *Colheita*, 1992. Óleo sobre tela, 40 cm × 50 cm.

Ana Maria Dias. *O sorveteiro*, 2012. Óleo sobre tela, 40 cm × 60 cm.

UNIDADE

4 CONVIVER E CONSTRUIR

Mara D. Toledo. *Feira livre*, 2007. Óleo sobre tela, 60 cm × 80 cm.

Malu Delibo. *Arte nas escolas*, 2014. Óleo sobre tela, 50 cm × 60 cm.

É hora de trocar ideias

Observe as imagens. Depois, converse com os colegas e o professor sobre elas.

1. O que cada cena retratada representa?

2. Como você relaciona as imagens ao título da unidade?

CAPÍTULO

1 A cidadania em construção

Somos todos brasileiros. Vivemos em um país chamado Brasil, que é uma grande comunidade com a qual compartilhamos história, governo e territórios.

Como em toda comunidade, a vida da sociedade brasileira é organizada por regras – escritas ou não –, a fim de garantir a convivência harmoniosa e o bem-estar de todos.

Nas regras escritas – leis que regem essa grande comunidade – estão estabelecidos os direitos e os deveres necessários para atender a todos de forma justa. Isso é **cidadania**.

Cidadania é o conjunto e, ao mesmo tempo, o exercício dos direitos e deveres civis, políticos e sociais estabelecidos na **Constituição**.
Constituição é a lei principal que regula a organização de um Estado e rege a vida de uma nação, estabelecendo a forma de governo, as relações entre os poderes públicos, os direitos e os deveres dos cidadãos etc. Todas as outras leis devem ajustar-se a ela.

Davi Ribeiro/Folhapress

Alunos do Centro Integrado de Educação de Jovens e Adultos assistem à aula no município de Campo Limpo, São Paulo, 2014. A educação é direito de todos.

Jaimie Duplass/Shutterstock

Criança de sete anos descarta lixo, 2014. Se cada um fizer sua parte, a convivência em comunidade será mais harmoniosa.

Agora é com você

Responda oralmente às questões.

1 Onde estão descritos os direitos e deveres de todos os cidadãos?

2 Para você, o que é uma sociedade justa?

Turma Conectada

Leia a história em quadrinhos, depois faça o que se pede.

Estúdio Ornitorrinco

a) Qual era a dificuldade de Beto para ir ao museu?

b) Você acredita que uma história como essa acontece na realidade?

c) Em sua opinião, como essa situação pode ser mudada?

Direitos dos cidadãos

Na Constituição brasileira estão estabelecidos os direitos civis, como o direito à vida, à liberdade, à propriedade, à igualdade perante a lei, entre outros.

Estão definidos também os direitos políticos, como o de votar e o de ser votado, para que os cidadãos possam participar do destino da sociedade. Há, ainda, os direitos sociais, como educação, trabalho, salário justo, saúde, alimentação, moradia, lazer, segurança, previdência social e proteção à maternidade e à infância e ao meio ambiente equilibrado.

Outras leis complementam ou reafirmam esses e outros direitos e deveres de todos os cidadãos brasileiros.

Exercer a cidadania plena é ter os direitos civis, políticos e sociais respeitados e cumprir os deveres que cabem a cada cidadão para que todos possam viver com dignidade.

Eduardo Belmiro

Agora é com você

1 Relacione as colunas a seguir.

a) direitos políticos

b) direitos sociais

c) direitos civis

( ) educação, trabalho e saúde

( ) vida, liberdade e igualdade

( ) votar e ser votado

Observar

Observe as imagens a seguir e relacione-as aos direitos estudados.

Douglas Viana/Futura Press

Idosos realizam atividade física, município de Nova Iguaçu, Rio de Janeiro, 2013.

Glenda Powers/ iStock/ Thinkstock

Família reunida em momento de lazer, 2014.

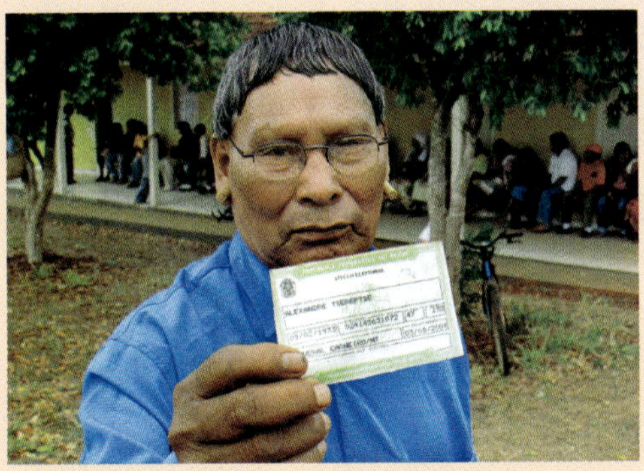
Imagebroker/Keystone Brasil

Índio xavante com seu Título de Eleitor, município de Primavera do Leste, Mato Grosso, 2010.

Imagebroker/Keystone Brasil

Crianças em creche pública, Salvador, Bahia, 2014.

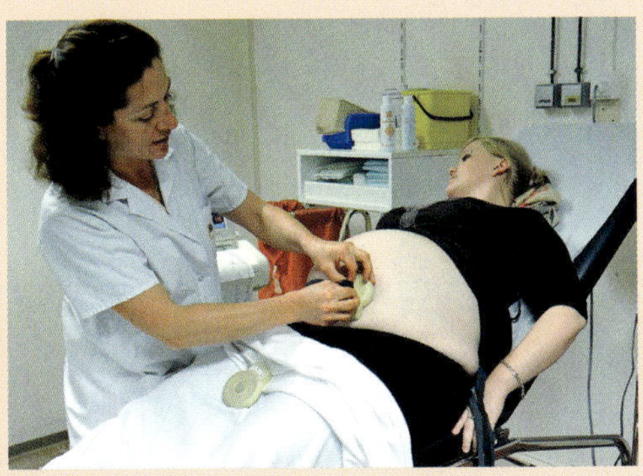
Philippe Huguen/AFP

Médica fazendo exame de ultrassom em paciente grávida, 2013.

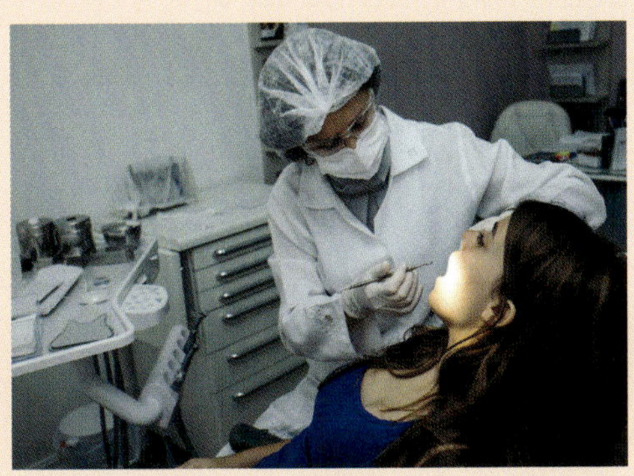
Rubens Chaves/Pulsar Imagens

Adolescente sendo atendida por dentista, município de Itapevi, São Paulo, 2013.

Deveres dos cidadãos

Os deveres correspondem às nossas obrigações, à nossa parcela de contribuição representada em atitudes para promover o bem-estar geral da sociedade em que vivemos.

É necessária a colaboração de todos para manter e preservar os bens naturais, culturais, sociais e as relações pessoais.

No Brasil, entre os deveres dos cidadãos, estão:

- promover a paz, a compreensão, a cooperação e a amizade;
- agir de forma responsável, buscando o bem de todos;
- cuidar do lugar onde vive preservando a natureza e o patrimônio público;
- respeitar os outros;
- votar para escolher os representantes;
- estudar e se aperfeiçoar;
- respeitar as leis, regras e normas do país;
- cumprir as obrigações legais, como o pagamento de taxas e impostos.

Susan Watts/NY Daily News Archive/Getty Images

Dr. Loon visita uma criança doente no Hospital de Crianças Morgan Stanley, Nova York, Estados Unidos.

Agora é com você

1 Faça uma lista de deveres que você tem em relação a:

a) sua família;

____

____

____

b) sua escola.

____

____

____

Contextualizar

Leia o texto a seguir e depois responda às questões.

O homem e a natureza

Qualquer dia, a natureza
com toda certeza há de reclamar
com razão, a atitude do homem
na terra com os rios e
os peixes do mar

As matas ardem em
grandes queimadas
construindo estradas que
nos levarão, a nada
eu sinto pena da passarinhada
[...]

E no futuro
quando uma criança
o ar puro quiser respirar
vai sentir que onde era floresta
é só fumaça parada no ar

E quando eu penso
me dá uma tristeza
em saber que não posso voltar
quando eu ouço o barulho da chuva
sinto saudades daquele lugar

Blend Images/Shutterstock

Menina usando um pneu como balanço em um parque.

Composição: João Lopes da Silva. Intérprete: Blindagem (banda). CD *Cara e coroa*, 1998. Gravadora: MNF Brazil.

1 Qual assunto é abordado na letra dessa canção?

____

____

2 Essa canção se refere a um direito ou a um dever? Justifique.

____

____

____

3 Converse com os colegas e o professor sobre as atitudes que devemos ter para evitar a destruição do ambiente.

Observar

1 Observe as imagens a seguir. Elas retratam cenas cotidianas. Elabore legendas explicativas para cada uma delas e depois relacione-as com os direitos ou deveres da população.

a

Eduardo Knapp/Folhapress

Usuários tentam entrar no metrô, São Paulo, São Paulo, 2014. Passageiros relataram o medo de novo caos na Linha 3 Vermelha, a mais lotada da rede.

____

____

c

Fernando Favoretto/Criar Imagem

Idoso pagando conta em banco, São Paulo, São Paulo, 2014.

____

____

b

Fernando Favoretto/Criar Imagem

Adulto estacionando motocicleta em vaga de idoso, São Paulo, São Paulo, 2014.

____

____

d

Gerson Gerloff/Pulsar Imagens

Pedestre atravessando na faixa de pedestres na Avenida Assis Brasil no bairro Sarandi, Porto Alegre, Rio Grande do Sul, 2014.

____

____

CAPÍTULO

2 Trabalho e construção

O **trabalho** faz parte da vida dos seres humanos. Foi por meio dele que, em diferentes tempos, os grupos humanos organizaram suas vidas e os espaços que ocuparam, desenvolveram novas formas de transformar elementos da natureza em utensílios, ferramentas e alimentos. Eles começaram a usar galhos para alcançar frutos mais altos e pedras para se defender, inventaram instrumentos com essas pedras e galhos e foram, ao longo do tempo, aprimorando as técnicas, desenvolvendo e criando riquezas por meio do trabalho.

Trabalho é o emprego da força física ou intelectual para realizar algo.

Luis Moura

Essa imagem representa como deve ter sido o cotidiano de alguns seres humanos muito tempo atrás, quando caçavam, produziam utensílios etc.

Gerson Gerloff/Pulsar Imagens

Trabalhador rural regando horta, município de Jardim, Mato Grosso do Sul, 2012. Antes de desenvolver a agricultura, os seres humanos coletavam alimentos na natureza, caçavam e pescavam para sobreviver. Por meio da agricultura, as comunidades passaram a morar mais tempo no mesmo lugar, o que contribuiu para o aumento da população.

Agora é com você

1 Complete as frases a seguir corretamente.

a) Por meio do ______________________ os seres humanos passaram a aproveitar mais os recursos da natureza.

b) O desenvolvimento da ______________________ possibilitou novas formas de se conseguir alimentos.

2 A segunda imagem mostra um tipo de trabalho que ainda existe hoje?

____

____

____

____

____

____

a) Houve modificações nesse tipo de trabalho ao longo do tempo? Quais?

____

____

____

____

____

b) Comparando os utensílios mostrados na primeira imagem com os que aparecem na segunda imagem, que relações podem ser estabelecidas entre eles?

____

____

____

____

____

Contextualizar

Leia o texto a seguir e depois faça o que se pede.

O Trabalho e o **lavrador**

O que disse o pão ao padeiro?
Antes de pão, eu fui farinha,
Farinha que o moinho moía
Debaixo do olhar do **moleiro**.

O que disse a farinha ao moleiro?
Um dia fui grão de trigo
Que o lavrador ia colhendo
E **empilhando** no **celeiro**.

O que disse o grão ao lavrador?
Antes de trigo, fui semente,
Que tuas mãos **semearam**
Até que me fizesse em flor.

O que disse o lavrador às suas mãos?
Com vocês, lavro essa terra,
Semeio o trigo, colho o grão,
Moo a farinha e faço o pão.
E a isso tudo eu chamo trabalho.

Paulo Ramos Neto

Sérgio Caparelli. *111 poemas para crianças*. Porto Alegre: L&PM, 2003. p. 22.

1 Como foi, no poema, o processo de transformação da natureza? Copie do quadro os elementos desse processo colocando-os na ordem correta.

pão	semente	lavrar a terra	farinha	grão de trigo

____

2 Converse com os colegas e o professor sobre estas questões:

a) Qual é e para que serve o produto final desse processo de transformação?

b) Quem são os trabalhadores citados no poema?

Trabalhadores de ontem e de hoje

Quem trabalha é chamado de trabalhador. Para cada tipo de trabalho, há trabalhadores que sabem realizá-lo; ele podem ou não ser formados em cursos relacionados à função que exercem.

Todo trabalhador tem uma profissão, ou seja, é uma ocupação que requer conhecimentos específicos para sua realização. Certas profissões existem há muito tempo, outras foram criadas recentemente para atender a alguma nova necessidade e outras, ainda, nem existem mais.

Independentemente do tipo de trabalho realizado, todas as profissões e seus profissionais são igualmente importantes, pois são necessários para dar continuidade à vida em sociedade.

Veja alguns exemplos de profissões.

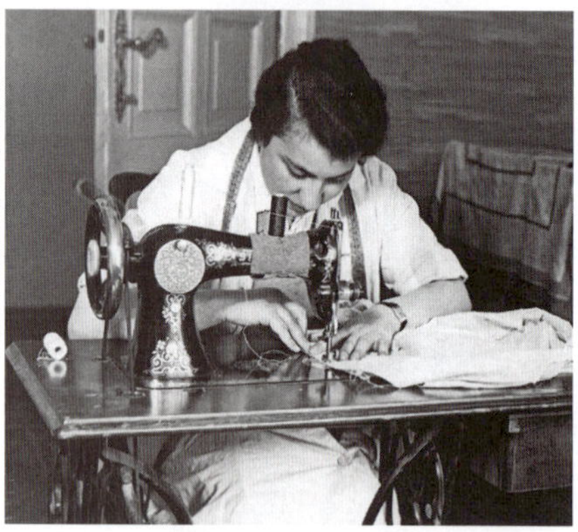
Bildarchiv Pisarek/Album/Akg-Images/Latinstock

Mulher trabalhando em uma máquina de costura, c. 1935.

Crédito: La Vieja Sirena/Shutterstock

Cientista em laboratório.

Album/Akg-Images/Latinstock

Marceneiro trabalhando, c. 1920.

Cada profissão tem seus instrumentos de trabalho. Observe alguns deles.

Time Life Pictures/Mansell/The LIFE Picture Collection/Getty Images

Máquina de costura, c. 1930.

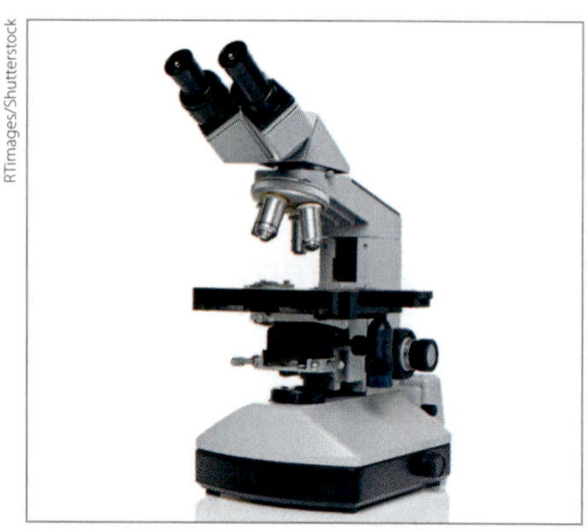
RTimages/Shutterstock

Microscópio ocular com lente estéreo isolado em um laboratório.

donatas1205/Shutterstock

Ferramentas de carpintaria pendurados na parede.

Agora é com você

1. Escreva o nome de cada profissão apresentada nas fotografias e, ao lado, o nome dos instrumentos de trabalho utilizados pelos profissionais envolvidos.

____

____

____

____

2. Vários profissionais participam de seu cotidiano. Cite alguns.

____

____

____

3. Preencha o quadro com o que se pede sobre as profissões citadas:

Profissão	O que faz	Onde trabalha
Enfermeiro		
Barbeiro		
Artesão		
Mecânico		

Observar

No passado existiam muitas profissões que hoje são encontradas em poucos lugares ou passaram por modificações e ganharam novos nomes. Isso se deve a mudanças na sociedade e no estilo de vida das pessoas. Um exemplo é a profissão de garrafeiro. Será que esse profissional ainda existe?

Observe as imagens e depois responda às questões.

1

Marc Ferrez/Coleção particular

Marc Ferrez. *Revendedores de garrafas*, 1899. Fotografia, 19,8 cm × 15,4 cm. Imigrantes, provavelmente portugueses, trabalhavam recuperando garrafas de bebidas que ficavam em consignação.

2

Palê Zuppani/Pulsar Imagens

Catador de latinhas de alumínio, Florianópolis, Santa Catarina, 2014. Coletor de material reciclável ou reaproveitável, chamado popularmente de catador. Esse trabalhador circula pelas ruas recolhendo garrafas de plástico, papelão e outros materiais recicláveis ou reaproveitáveis, que então são separados e vendidos para empresas de reciclagem.

1. Qual das imagens representa a profissão do passado? Como você a identificou?

____

2. Converse com os colegas e o professor sobre as diferenças e as semelhanças entre as imagens que representam o profissional do passado e o de hoje.

Vivendo a história

Entreviste um adulto, que pode ser um funcionário da escola ou outro profissional que você conheça. Siga este roteiro e, se quiser, pode acrescentar mais alguma questão.

1. Como você se chama?
2. Qual é sua profissão?
3. Há quanto tempo trabalha nessa profissão?
4. Você já teve ou tem outra profissão além dessa?
5. O que mais gosta no trabalho que realiza?
6. Quais dificuldades você enfrenta em sua profissão?
7. Qual é a importância do estudo para sua profissão?
8. Você considera sua remuneração (salário) boa ou não? Por quê?
9. Você trocaria de profissão? Por quê?

Traga o resultado para a sala de aula e conte, ao professor e aos colegas, o que descobriu sobre as profissões dos entrevistados.

Historiar

Os **Cadernos viajantes** realizarão mais uma viagem.

Hélio Senatore

Os assuntos deste capítulo devem lembrá-los de várias vivências que digam respeito ao trabalho.

Se você foi escolhido para levar um dos cadernos para casa, deve fazer seus registros de acordo com esse tema. Podem ser situações ligadas ao trabalho de seus familiares, à produção de bens ou de produtos artesanais, entre outras. O importante é que relacionem o tema ao cotidiano.

Na data combinada para o retorno dos cadernos, você deve compartilhar seus registros com os dos demais alunos.

CAPÍTULO

3 Trabalho e cidadania

O trabalho é considerado um direito de toda a sociedade e está garantido pela Constituição Federal.

Os direitos dos trabalhadores foram conquistados gradativamente e hoje há leis que lhes garantem vários benefícios. Essas leis visam impedir que as pessoas trabalhem em condições de perigo, ou seja, em situações que coloquem em risco a saúde delas.

Alexandre Tokitaka/Pulsar Imagens

Operários na obra de construção da Linha 17 Ouro do metrô sobre a Avenida Jornalista Roberto Marinho, São Paulo, São Paulo, 2014. Os trabalhadores ainda têm direito à segurança no trabalho por meio do uso de equipamentos adequados, evitando assim riscos à saúde e acidentes. Eles também têm o dever de usar esses equipamentos para sua segurança.

Agora é com você

1 O que garantiu os direitos trabalhistas?

____

____

2 A fotografia mostra um trabalhador que tem os benefícios trabalhistas garantidos? Justifique.

____

____

____

Atitudes e valores

Seja qual for a profissão escolhida por você no futuro, é muito importante que a desempenhe sempre da melhor maneira possível, executando bem suas funções.

É sempre bom lembrar que todas as profissões são importantes, pois todas elas são necessárias para o bom funcionamento da sociedade.

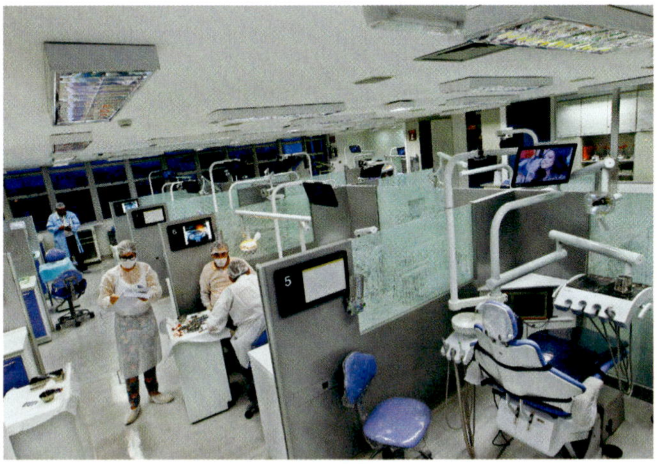

Sergio Castro/Estadão Conteúdo

Senac, unidade Tiradentes, São Paulo, São Paulo, 2014. A fotografia mostra pessoas em um curso profissionalizante. Todo trabalhador precisa ser valorizado.

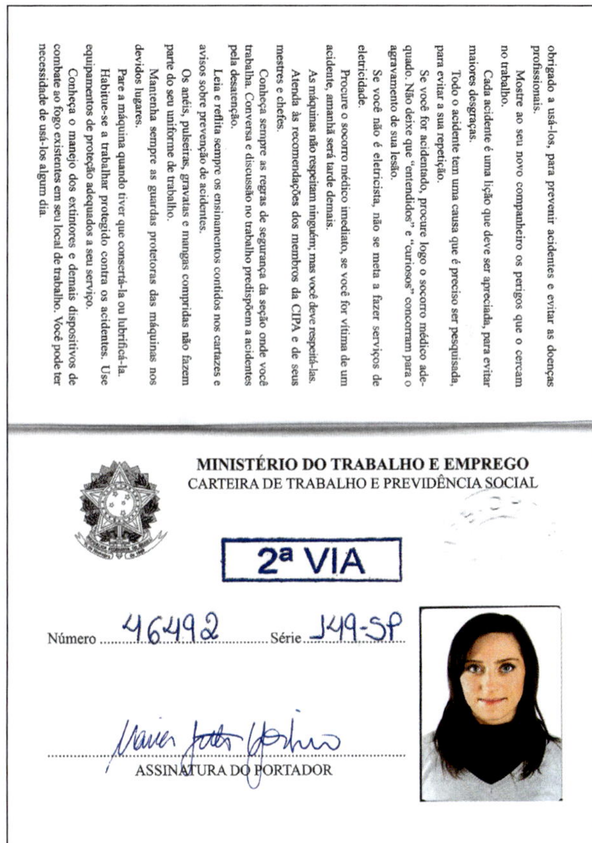

Arquivo pessoal

A Carteira de Trabalho é muito importante porque garante que os direitos do trabalhador sejam respeitados. Ela é um documento oficial válido em todo o Brasil e todo trabalhador deve tê-la. Nela são feitas anotações sobre o trabalho desenvolvido por ele e quem o está contratando, assim como várias outras anotações que no futuro lhe darão garantias trabalhistas.

1 Agora decifre os códigos para descobrir o complemento da frase e, então, reescreva-a.

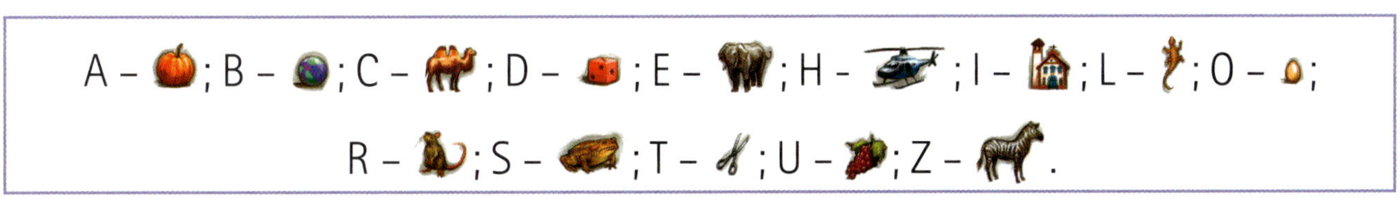

Ilustrações: Hugo Araujo

Todo trabalhador que tem 

 assinada tem seus direitos garantidos.

____

____

Direito ao lazer

Assim como o trabalho, o **lazer** é um direito garantido a todos os brasileiros pela Constituição.

Lazer refere-se a tempo de folga, descanso ou **entretenimento**.

Reservar um tempo para descansar do trabalho, divertir-se e também para realizar outros tipos de atividade possibilita ao trabalhador repor energias e, assim, garantir a qualidade de vida.

Observe as imagens a seguir, elas representam alguns momentos de lazer.

João Prudente/Pulsar Imagens

Ciclistas pedalando na zona rural, município de São João Batista do Glória, Minas Gerais, 2014. O passeio de bicicleta contribui para uma vida saudável depois da jornada de trabalho.

Terese Loeb Kreuzer/Alamy/Glow Images

Pessoas passam momentos de lazer num parque.

Agora é com você

1. Em sua opinião, por que é importante termos um tempo reservado para o lazer?

____

____

2. Que direito as fotografias representam? Você costuma realizar alguma das atividades apresentadas nas imagens?

____

____

3. Qual é sua atividade de lazer preferida? Com quem você realiza essa atividade?

Contextualizar

Leia o texto a seguir e depois responda às questões.

Quando o dia terminava e a gente saía do trabalho, quem morava por perto podia pôr uma cadeira e sentar na frente da casa e ficar ali olhando o rio. Para quem vivia mais longe, lá pelas outras bandas da cidade, também era hora de parar pelo menos alguns minutos antes de seguir caminho e descansar os olhos com a vista do Tietê. Com isso, a gente se desligava do corre-corre de mais um dia e recuperava essa outra dimensão do tempo que a vida moderna nos nega: a hora de simplesmente contemplar a natureza, deixar o **ritmo frenético** do dia a dia se **desacelerar** e dar um descanso para o corpo e para a alma depois de toda essa agitação. Hoje eu ouço falar tanto em estresse, estafa, depressão... O Tietê, com suas águas mansas, ajudava muito a gente combater e a esquecer tudo isso.

Depoimento de Max Cagnoni. In: Vicente Adorno. *Tietê: uma promessa de futuro para as águas do passado*. São Paulo: Art Gráfica, 1999. p. 63.

Guilherme Gaensly/Arquivo Público do Estado de São Paulo

Guilherme Gaensly. *Clube de Regatas Tietê*, São Paulo, 1905. Fototipia.

1 Que tipo de atividade o texto narra?

____

____

____

2 Quem conta a história nesse texto é um adulto ou uma criança?

3 O texto apresenta trechos que retratam momentos de lazer de antigamente ou atuais? Justifique.

4 A fotografia que acompanha o texto é atual ou antiga? Você sabe se ainda hoje esse rio existe? Se sim, está do mesmo jeito? Se necessário, pesquise para descobrir.

Historiar

Os **Cadernos viajantes** realizarão mais uma viagem.

Hélio Senatore

Os assuntos deste capítulo devem remeter você a várias vivências que dizem respeito a deveres e diretos dos trabalhadores e também ao lazer.

Caso você seja escolhido para levar um dos cadernos, faça os registros seguindo esse tema.

Na data combinada para o retorno dos cadernos, compartilhe os registros que fez com os demais alunos.

CAPÍTULO

4 O trabalho infantil

Desde que a sociedade passou a se preocupar com os direitos específicos das crianças, entende-se que elas têm direito de brincar e de estudar.

Protegê-las é responsabilidade de todos. E é dever das autoridades oferecer condições para que as pessoas só trabalhem depois de alcançar a idade adequada, prevista nas leis trabalhistas.

O trabalho infantil é proibido por lei, porque ele prejudica o desenvolvimento físico e mental das crianças.

Luciana Whitaker/Pulsar Imagens

Ambulante menor de idade vende salgados e refrescos no engarrafamento da Linha Vermelha, Rio de Janeiro, Rio de Janeiro, 2014.

Ronaldo de Oliveira/CB/D.A Press

Garoto trabalha em plantação de palma forrageira, município de Queimadas, Paraíba.

Agora é com você

1 Você conhece ou já viu crianças que trabalham? Que tipos de atividade realizam?

____

____

2 É correto crianças trabalharem? Justifique sua resposta.

____

O trabalho das crianças na história

No início do século XX (20), muitas crianças (meninos e meninas) trabalhavam em diferentes tipos de atividades, entre elas as desenvolvidas em fábricas, oficinas de costura e outras existentes nas cidades, além de atividades próprias do campo, que envolvem trabalhos na agricultura e a criação de animais, junto ou não de suas famílias.

Essas crianças muitas vezes sofriam acidentes, castigos e doenças, e enfrentavam longas horas de trabalho. A esses pequenos trabalhadores, sobrava pouco tempo para ir à escola e brincar.

Crianças a partir de 7 anos trabalhavam como engraxates e vendedoras de pipas e outros produtos. As que trabalhavam em fábricas realizavam tarefas bem semelhantes às dos adultos e enfrentavam de 8 a 10 horas de trabalho diariamente. Além de realizarem tarefas complicadas e perigosas para a idade, as crianças recebiam salários bem menores que os dos adultos. Por vezes nem recebiam salários, apenas **gorjetas**.

Essa foi a realidade durante muitos anos, e estava dentro da forma de pensar daquele tempo. As crianças precisavam trabalhar para ajudar os pais no sustento e também para aprender uma profissão.

Lewis W. Hine/Buyenlarge/Getty Images

Trio de crianças em trabalho no chão de fábrica de Mollahan Mills, no município de Newberry, South Carolina, Estados Unidos, 1908. As duas meninas estão trabalhando como fiandeiras, enquanto o menino é um removedor.

Marc Ferrez/Coleção particular

Marc Ferrez. *Meninos vendedores de jornal*, Rio de Janeiro, Rio de Janeiro, 1895.

Contextualizar

Leia o texto a seguir e depois responda às questões.

Carolina Capina

Paulo Ramos Neto

Carolina **capina**
Pobre, pobre Carolina
todo dia ela capina
a encosta da colina.

Cedo acorda Carolina
espicha suas pernas finas
calça as velhas botinhas
leva a enxada e a **sina**
pra capina de rotina.

Carolina, Carolina,
capina que capina
e sonha, sonha
seus sonhos de menina.

Sonha viajar para a Argentina
ganhar um anel de **turmalina**
comprar vestidos de **vitrina**.

Logo, logo
O sonho termina.
Amarga lição
que a vida ensina...

Dilan Camargo. *O embrulho de Getúlio*. Porto Alegre: Mercado Aberto, 1997. p. 30-31.

1 O texto acima fala da vida de Carolina Capina. Observe-o e depois marque com um **X** na alternativa que, em sua opinião, corresponde ao seu formato.

a) ☐ poema b) ☐ notícia c) ☐ conto d) ☐ carta

2 Em relação à atividade anterior, justifique como você chegou a essa conclusão.

___

___

3 Qual é o tema central desse texto? Como é possível saber?

4 O trabalho de Carolina é realizado em área urbana ou rural? Justifique.

5 O princípio "Toda criança tem direito de ser protegida contra qualquer trabalho que coloque em risco sua saúde, educação e seu desenvolvimento", presente na Declaração dos Direitos da Criança, está sendo cumprido no poema? E o que acontece na realidade? Justifique sua resposta.

Atitudes e valores

Há situações em que as duras condições sociais, ou seja, a extrema pobreza e a falta de recursos, levam famílias a contar com o trabalho de suas crianças.

1 O que pode ser feito para evitar que crianças tenham de trabalhar desde muito cedo? Converse com os colegas e o professor e, juntos, elaborem sugestões para resolver essa situação. Depois debatam as sugestões apresentadas.

Em busca de soluções

Algumas leis em vigor, presentes tanto na Constituição Brasileira como no Estatuto da Criança e do Adolescente, fazem parte de medidas criadas para acabar com o trabalho infantil.

Segundo as leis brasileiras, a idade mínima necessária para trabalhar é 16 anos, e apenas na condição de aprendiz. Antes dessa idade, todo trabalho é proibido, pois é importante deixar bem claro que **lugar de criança é na escola!**

Ajudar em tarefas de casa que não ofereçam riscos (de se machucar, de se queimar etc.) e não são remuneradas (com pagamento de qualquer espécie) faz parte da educação infantil e não é considerado trabalho, e sim aprendizagem.

Ministério do Desenvolvimento Social e Combate à Fome

Ministério Público do Trabalho, RS

Cartazes de campanha de combate ao trabalho infantil.

Agora é com você

1 Segundo as leis brasileiras, qual é a idade mínima para ingressar no mercado de trabalho?

____

2 Como você entende a afirmação "lugar de criança é na escola"?

____

____

3 A criança pode fazer pequenas tarefas em casa? Em que condições?

4 Levante hipóteses sobre como as campanhas publicitárias da página anterior podem ajudar a acabar com o trabalho infantil.

5 Com base em seus conhecimentos, escreva a seguir algumas tarefas que, em sua opinião, as crianças podem realizar para ajudar na organização da casa.

Historiar

Os **Cadernos Viajantes** vão realizar mais uma viagem.

Hélio Senatore

Este capítulo trata de várias vivências relacionadas ao trabalho infantil.

Caso você tenha sido escolhido para levar um dos cadernos, faça seus registros de acordo com esse tema.

Na data combinada para o retorno dos cadernos, compartilhe os registros que você fez com os demais alunos.

Relembrando o que estudei

- Cidadania é a prática de direitos e deveres que englobam todos os cidadãos de forma justa.
- Para a cidadania ser plena, é preciso que os direitos sejam garantidos e colocados em prática.
- Os deveres são a parcela de cada um para o bem de todos.
- No Brasil, os direitos e os deveres de todos os cidadãos estão escritos na Constituição.
- O trabalho sempre fez parte da vida das pessoas.
- Os diferentes tipos de trabalho são exercidos por diferentes pessoas.
- Há vários direitos garantidos aos trabalhadores.
- O lazer é um direito.
- O trabalho infantil fere os direitos das crianças.
- No Brasil, ainda existe trabalho infantil, mas estão sendo realizadas ações para combater esse problema.

Cantinho de sugestões

Livros

Editora Elementar

- *A aranha bordadeira*, de Edson Gabriel Garcia, São Paulo: Elementar, 2009.
  A aranha Berenice não gosta de tecer fios. Entra na escola para aprender a tecer e ser como todas as aranhas, mas percebe que sua felicidade pode estar em outras coisas.

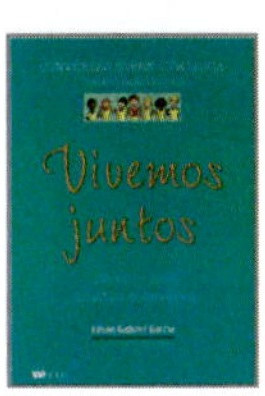
Editora FTD

- *Vivemos juntos: de olho nos direitos e deveres*, de Edson Gabriel Garcia. São Paulo: FTD, 2001.
  O autor conta como um grande número de pessoas que mora numa cidade organiza os direitos de cada um, quais são eles e o que podemos fazer para melhorar a qualidade de vida de toda a sociedade.

Glossário

Alternar: trocar de lugar de forma repetida, revezar.

Capina: ação ou trabalho de retirar capim, mato e ervas daninhas de um terreno ou plantação, geralmente com enxada ou outro instrumento.

Caroá (ou caruá): planta de fibras têxteis do tipo bromélia.

Fabio Colombini

Cartum: tipo de desenho carregado de humor ou ironia. Pode ser composto de um ou mais quadros, com ou sem legenda. Na imagem são retratadas situações reais ou não, de modo engraçado ou de maneira a destacar o aspecto cômico do assunto abordado.

Celeiro: construção para armazenamento de cereais.

Charge: desenho geralmente publicado em jornais, revistas e *sites*, que podem ser humorísticos ou não e geralmente tratam de algum tema atual de forma crítica.

Desacelerar: diminuir a velocidade ou o ritmo.

Descendente: pessoa que procede ou provém de determinada família ou grupo.

Empilhar: colocar um sobre o outro, formando uma pilha.

Entretenimento: aquilo que é feito para distrair, entreter.

Esbaforido: apressado.

Física: conjunto de qualidades exteriores e materiais de um ser ou objeto; aspecto; configuração.

Fração: parte, pedaço.

Gorjeta: gratificação em dinheiro em troca da prestação de algum serviço.

Herança: o que é transmitido de uma geração a outra.

Hipótese: suposição ou sugestão para explicar algo, mas que precisa ser verificada depois.

Historiador: profissional que trabalha com a pesquisa e a escrita da história.

Imaterial: que não se pode tocar.

Interdependência: quando um depende do outro num sentido de troca.

Lampião de querosene: luminária à base de fogo e que utiliza o querosene como combustível.

Lavrador: aquele que trabalha no preparo da terra para o cultivo, ou seja, na lavoura.

Legenda: texto explicativo que acompanha uma ilustração, uma gravura, uma reprodução de obra de arte, um mapa etc.

Mecânico: acionado por máquina ou mecanismo.

Memória: recordação, lembrança.

Moleiro: aquele que trabalha moendo cereais.

Munícipe: o morador do município.

Ornamento: aquilo que se usa para enfeitar, para tornar algo ou alguém mais atraente; por exemplo, colares, pulseiras e anéis.

Pintura rupestre: desenho que representa figuras e sinais nas paredes das cavernas habitadas pelo ser humano pré-histórico.

Planta: desenho ou traçado que representa edifício, máquina, cidade etc. em projeção horizontal.

Pregão: tipo de propaganda de produtos ou serviços feita com palavras, frases, rimas ou canções por vendedores que percorrem as ruas de um lugar.

Remanescente: que restou, ficou.

Ritmo frenético: movimento intenso.

Ritual: culto, geralmente de caráter religioso.

Semear: plantar a semente.

Seminômade: grupo ou pessoa que ora vive em habitação fixa, ora se desloca constantemente de um lugar a outro.

Sina: destino.

Sucessão: sequência.

Turmalina: pedra semipreciosa que pode ser azul, preta ou verde.

Vestígio: pista, indício, sinal de algo que ocorreu.

Vitrina: o mesmo que vitrine, ou seja, local com portas de vidro onde são expostos os produtos em uma loja.

Vivência: experiência.

Encartes

Peças para o jogo Patrimônio Histórico e Cultural Brasileiro

Encarte para a atividade das páginas 62 e 63.

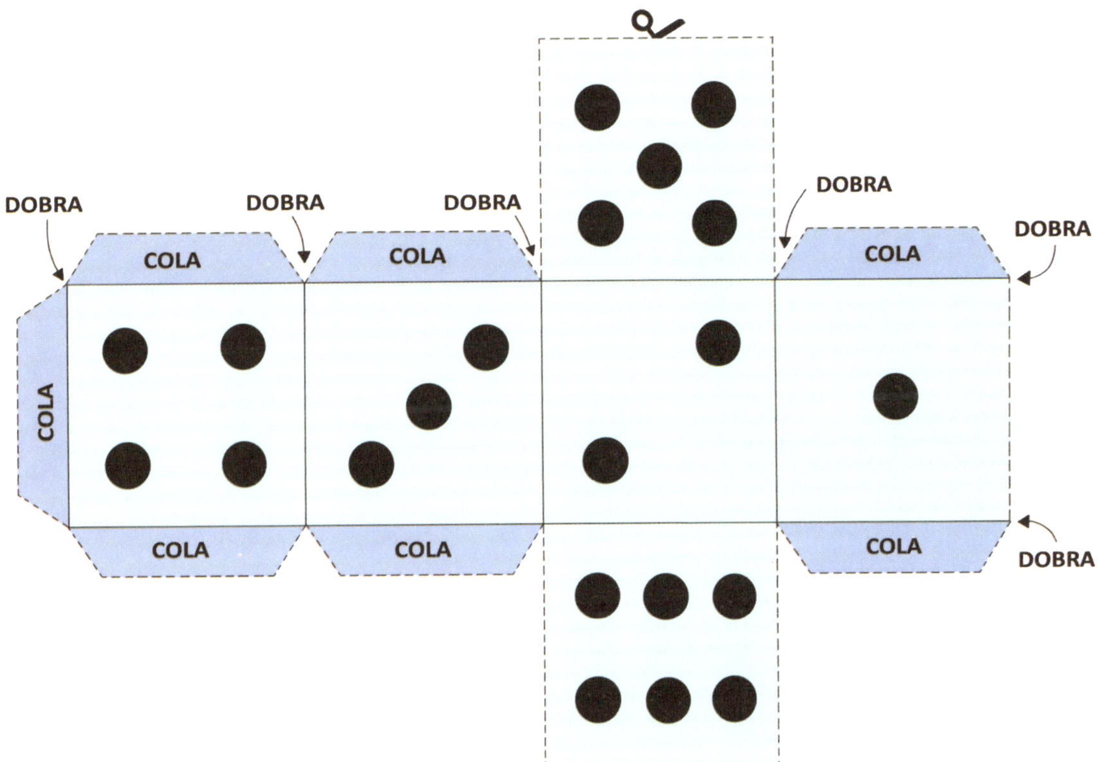

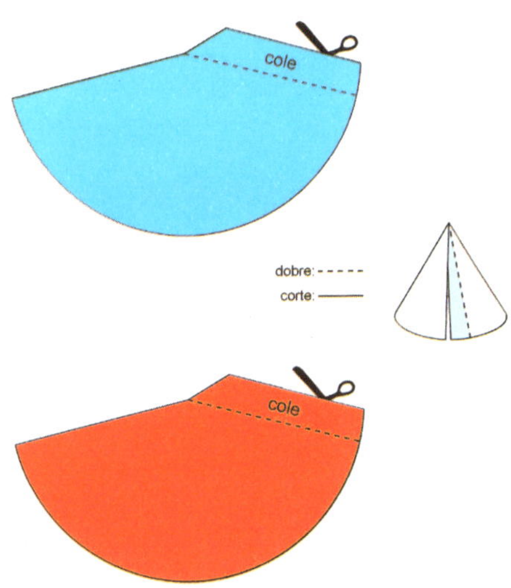

Dobradura

Encarte da atividade da página 78.

Ilustrações: Hélio Senatore

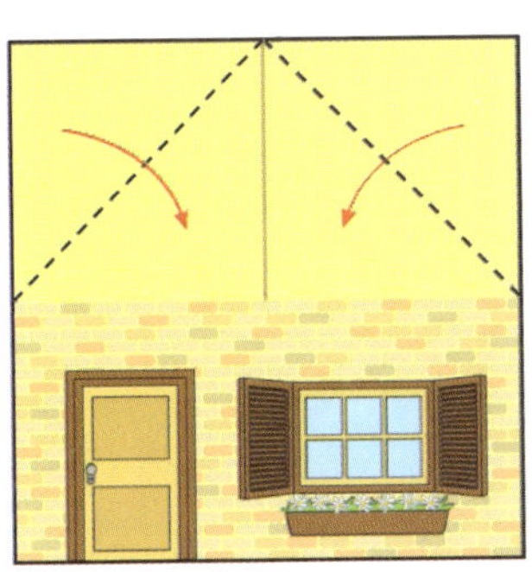

Jogo da convivência

Encarte para a atividade das páginas 80 e 81.

Ilustrações: João P. Mazzoco

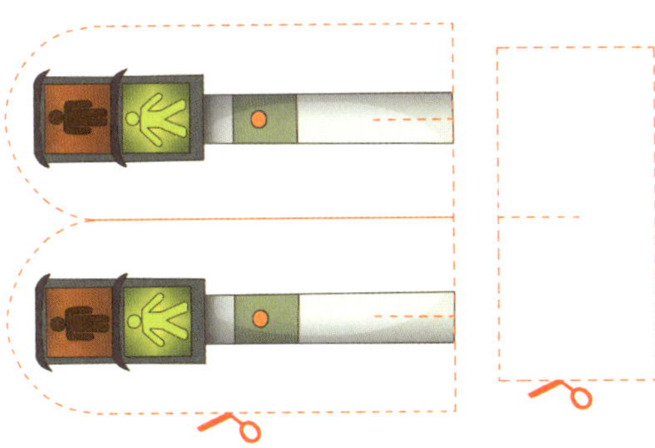

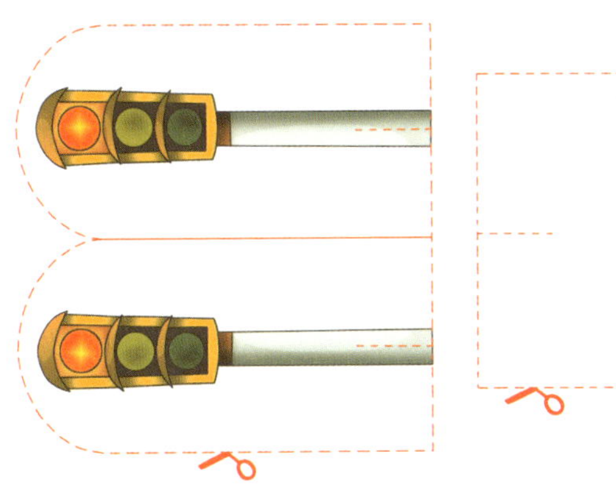

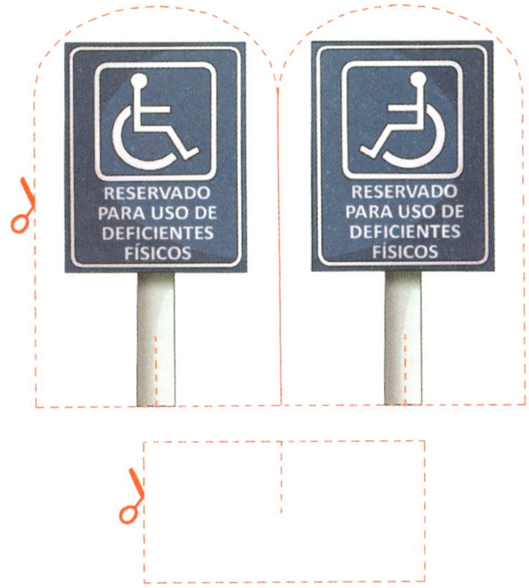

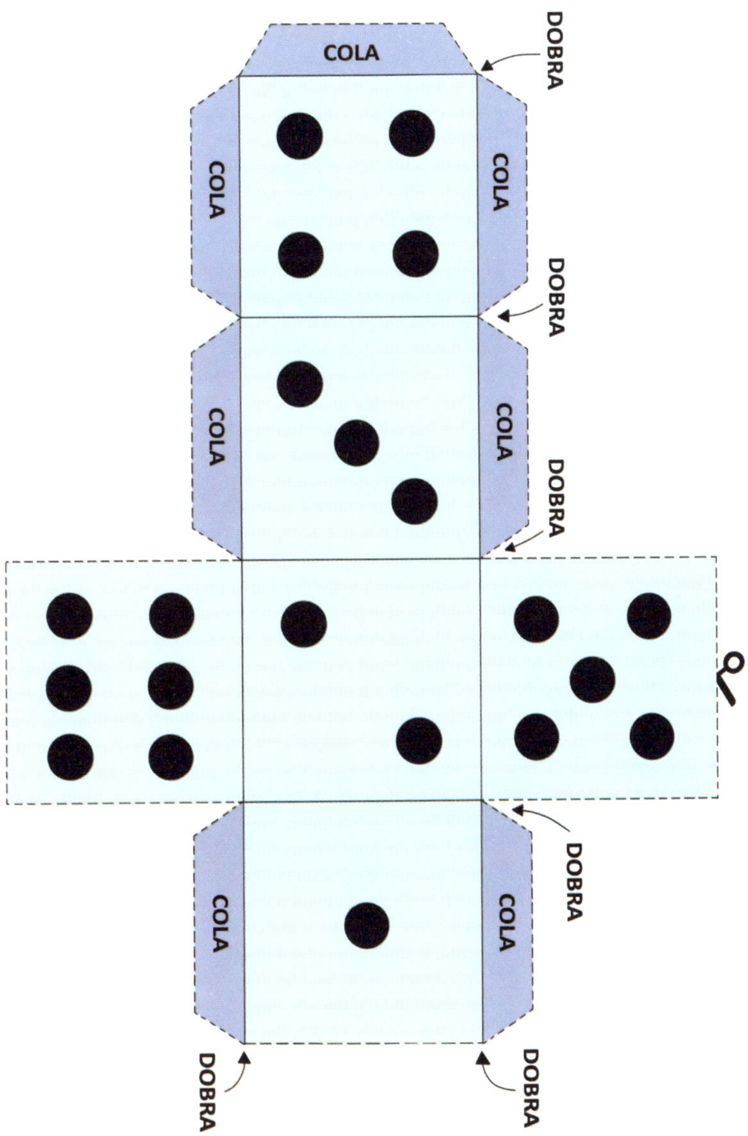

Ilustrações: João P. Mazzoco